Mahatma Gandhi

Was macht es schon, wenn man uns für Träumer hält?

Lebensweisheiten

Herausgegeben von
Henri Stern

Aus dem Französischen von
Stephan Schuhmacher

Mit Fotos von Peter Hinreiner

Deutscher Taschenbuch Verlag

Deutsche Erstausgabe
April 2001
Deutscher Taschenbuch Verlag GmbH & Co. KG, München
www.dtv.de

ISBN 2-911217-27-6
Titel der französischen Originalausgabe:
Préceptes de Vie du Mahatma Gandhi
Deutschsprachige Ausgabe:

Umschlagkonzept: Balk & Brumshagen
Umschlaggestaltung: © ARTPOOL, München
Umschlagfoto: © gettyone Stone
Satz: Fotosatz Reinhard Amann, Aichstetten
Gesetzt aus der Berling 10/12·
Druck und Bindung: C. H. Beck'sche Buchdruckerei, Nördlingen
Gedruckt auf säurefreiem, chlorfrei gebleichtem Papier
Printed in Germany · ISBN 3-423-36224-3

Inhalt

Gandhi oder der Yoga der Staatsbürgerschaft

Gandhi hat seinen Landsleuten das Handeln durch sein beispielhaftes Vorbild gepredigt. Das ist seine Originalität. Und das hat ihm auch erlaubt, eine ganz entscheidende Rolle beim Marsch Indiens in die Unabhängigkeit zu spielen.

Man sollte deshalb nicht überrascht sein, wenn man in seinen Schriften kein auf Doktrinen aufbauendes Lehrgebäude vorfindet. Durchsetzt mit Pamphleten, Berichten, Anleitungen zur Meditation und Hygiene sowie autobiografischen Notizen, beziehen sich seine im Laufe von fünfzig Jahren entstandenen wöchentlichen Reflexionen auf von ihm initiierte Aktionen und die ihnen zugrunde liegenden menschlichen Probleme.

Das Handeln des Mannes, den man schließlich gegen seinen Willen die Große Seele (*mahâtma*) nannte, bestand in der Tat keineswegs nur darin, sich im Himmel der reinen Moral und Metaphysik zu positionieren: Gandhi hat sich ständig mit der Verantwortung auseinander gesetzt, welche die von ihm angestrebte Macht implizierte, sowie mit den Kompromissen und (aus rein ethischer Sicht) den kompromittierenden Unannehmlichkeiten, die das Regieren von Menschen unweigerlich mit sich bringt.

Es war die ihm eigene Mischung aus politischem Geschick und dem Predigen von Moral durch beispielhaftes Vorbild, mit der er sich als der Weise der panindischen Bewegung im Kongress durchsetzte und seine britischen Gegner ebenso wie seine Anhänger oder seine nationalistischen Partner (und Konkurrenten) häufig überzeugte und mehr noch irritierte. Seine ganz persönliche Antwort auf die Herausforderung der Kolonisation war geprägt vom Erfahrungsschatz der indischen Zivilisation und zeugte von einer erstaunlichen Fähigkeit, die Grundlagen eines neuen politischen Regimes und eines Staates zu erarbeiten.

Gandhi oder die Selbstmeisterung: Der Antrieb zur Gründung der indischen Demokratie

Der »Exzentriker«, der Gandhi stets geblieben ist, konnte seine führende Rolle bewahren, weil er es verstanden hat, im Dienste der politischen Aktivitäten für die Unabhängigkeit die Kräfte jener religiösen und sozialen Reformbewegungen zu mobilisieren, die seinen nationalistischen Kampf um die Unabhängigkeit historisch vorbereitet und begleitet haben. Einige dieser Bewegungen haben sich bis heute fortgesetzt.

Um seine Lehre des gewaltlosen Handelns zu schmieden, bestimmte Erfahrungen des Gemeinschaftslebens und der sozialen Dienstleistung zu initiieren und zur Verbesserung der Lebensbedingungen und der gesellschaftlichen Stellung von benachteiligten Personen (Unberührbare, Kinder, Witwen und verlassene Frauen, Stammesmitglieder) beizutragen, schöpfte Gandhi aus den alten Quellen über Techniken der Askese und der Meditation, welche die ritualistischen Religionen Indiens seit drei Jahrtausenden gestalten und erneuern und die in den Ideen und Strategien dieser Reformbewegungen erneut zum Tragen kommen.

Diese von ganzen Geschlechtern von Eremiten und Asketen ausgearbeiteten, gemeisterten und überlieferten Techniken beruhen auf folgendem Gedanken: Man kann »Kräfte« kosmischer und höherer, ja selbst göttlicher Art erlangen, wenn man auf den Teil der Macht über Menschen und Dinge verzichtet, der mit sozialem Status verbunden ist. Es sind dies Techniken der Selbstmeisterung, von denen der Yoga die bekannteste ist.

Auf der Grundlage einer Metaphysik des Umschlossenseins vom Kosmos, die jede Transzendenz ausschließt, enthalten diese Techniken die klare Bestätigung eines Machtwillens, jedoch auf der Ebene der Werte, nicht der persönlichen Interessen. Verzichtet man auf die Früchte seiner Handlungen (und vor allem der Riten, die man praktiziert), dann geschieht dies, um ihnen jene Besonderheit zu nehmen, die ihnen als Reaktion auf die miteinander verwobenen und sehr differenzierten sozialen Beziehungen anhaftet. Damit soll die Identifikation mit dem erreicht werden, was den Handlungen (und zunächst dem Ritus) ihren universalen Sinn verleiht: das Heil in seiner allgemeinsten Form, die Verschmelzung mit dem kosmischen Ganzen.

Im umgekehrten Sinne kann das durch Askese und Meditation angesammelte Kapital an Macht in der Gemeinschaft der Menschen als Kraft neu investiert werden. Nach diesem Prinzip wurden die Helden der großen Epen der mythischen Geschichte Indiens zu Schülern von Meistern der Askese. Und so ließen diese Kriegerkönige ihre Eroberungsmacht zu einem Recht auf Souveränität legitimieren, wobei sie zugleich von diesen Meistern in einem Yoga des Krieges und des Regierens über Menschen geschult wurden (so wie es einen eigenen Yoga für jeden Typ des Handelns gibt, auf jedem Interessen- und Werteniveau).

In der jüngeren historischen Entwicklung (seit etwa Anfang des 19. Jahrhunderts) ist der Verzicht auf Weltentsagung charakteristisch für gesellschaftliche Reformaktivitäten geworden, was zugleich einen Heilsverlust für den Reformer selbst mit sich bringt – eine Tatsache, derer Gandhi sich durchaus bewusst war.

In seiner Lehre über die Gewaltlosigkeit erarbeitete

Gandhi gewissermaßen einen Yoga des Staatsbürgers. Es geht um einen Bürger, der zunächst nach Selbstbeherrschung streben soll, ehe er sich auf den Kampf gegen seine Unterdrücker einlässt. Es ist ein Bürger, der sich aus den Zwängen der sozialen Bindungen befreien muss, die seine besondere Stellung ausmachen, und zwar nicht indem er sie zurückweist, sondern indem er die Verantwortung auf sich nimmt, die sie impliziert. Er muss dies tun, bevor er die Verantwortung beanspruchen kann, ein vom Kolonialismus befreites Land zu regieren. Es ist ein Bürger, der sich selbst reformieren, wenn nicht gar zum Reformer machen muss. Auf jeden Fall muss er sich für die Reformen einsetzen, so wie alle diejenigen, die sich zu Anhängern Gandhis erklärten – Sozialarbeiter der Dienstleistungs- und Reformverbände wie auch militante Politiker der Unabhängigkeitsbewegung.

Wie auch andere Reformer oder Persönlichkeiten des indischen Nationalismus war Gandhi ein hervorragender Interpret der *Bhagavad-Gîtâ*; dieser ›Gesang des Erhabenen‹ ist ein entscheidender Augenblick im Epos *Mahâbhârata*, in welchem dem Kriegerfürsten ethische Unterweisung zuteil wird. In seinen Kommentaren zur *Bhagavad-Gîtâ* hat Gandhi den historischen Wandel vom Königtum zum Staatsbürgertum als bestimmenden Faktor der Politik in der indischen Welt aufgezeigt.

Die von Gandhi gepredigte Gewaltlosigkeit ist das genaue Gegenteil einer reinen Moral des Zeugentums, welche die Ohnmacht der Opfer glorifiziert, um ihnen Resignation zu predigen. Es ist vielmehr eine Moral und Technik des Willens; eines Willens, der dermaßen geschult ist und so viel in Bewegung zu bringen vermag, dass er schließlich die Fähigkeit und den Willen der Briten, sich der Unabhängigkeit Indiens entgegenzustellen, entscheidend zu schwächen vermochte.

Es ist in doppelter Hinsicht eine Moral durch beispielgebendes Vorbild. Einerseits hat Gandhi in seinem eigenen Leben die Reformen praktiziert, die er predigte. Andererseits hat er seine Mitbürger dazu aufgerufen, durch ihren persönlichen Erfolg im Hinblick auf soziale Reformen den Briten – und sich selbst – zu demonstrieren, dass sie politisch fähig waren, sich selbst zu regieren.

Gandhi reihte sich damit ein in die Logik und den Geist der Reformbewegungen, die seit dem ersten Drittel des 19. Jahrhunderts die britische Kolonisation vor allem als religiöse und soziale Herausforderung auffassten. Aus ihrer Sicht erklären sich die Willenskraft, die Disziplin und die strategische Effektivität der Briten aus dem Christentum, seinen Anschauungen und Sitten. Wollte man auf diese Herausforderung reagieren und sich sogar zum Ziel setzen, Indien die Herrschaft über sich selbst zurückzugeben, dann erforderte das zunächst, sich mit dem zu beschäftigen, was entsprechend dem hinduistischen Ritual die Identität, den Willen und rechtlichen Status der Person ausmacht. Vom Brahmo Samaj des Ram Mohan Roy bis zum Arya Samaj des Dayanand Saraswati haben diese Bewegungen daran gearbeitet, jedem Mann und jeder Frau die gleiche Würde zu geben oder wiederzugeben, sei es im Namen der Weiterentwicklung der Riten oder ihrer Wiederbelebung. Die Idee war (und bleibt), dass eine Nation, die selbst ein bestimmtes Geschlecht oder eine als minderwertig erachtete Kaste unterdrückt, sich nicht von der kolonialen Unterdrückung befreien kann.

Dies war der Ursprung der so »typischen« und für uns manchmal überraschenden Aktivitäten, die aus der Sicht eines wieder erstehenden hinduistischen Humanismus auf Verbesserung des Status der am meisten Benachteiligten abzielten. Dazu gehörten: die Abschaffung der Witwenverbrennung (*sati*); die Aufhebung des Verbots der Wiederverheiratung von Witwen; die Anhebung des gesetzlichen Alters für die Eheschließung; die Erleichterung oder Abschaffung der Last der Mitgift; die Abschaffung der auf dem Kastenwesen (Unberührbarkeit) beruhenden Diskriminierungen; die soziale und wirtschaftliche Förderung der an den Rand der Gesellschaft gedrängten und ausgebeuteten Stammesvölker. Es ging um einen Humanismus der Selbstmeisterung, der sich von da an an alle wandte.

Daher auch die oft missverständliche Art Gandhis, persönliche Aktionen zu starten, welche Willenskraft demonstrieren sollten (etwa Fasten, Enthaltsamkeit oder Verweigerung von Zusammenarbeit), um diese ebenso plötzlich wieder abzubrechen, wenn die Handelnden entgegen seinen Erwartungen einen Mangel an Selbstmeisterung an den Tag legten.

Schließlich hat Gandhi in der indischen nationalen Bewegung die Rolle eines spirituellen Meisters und Erziehers gespielt. Dabei überließ er seinen Anhängern unter den jungen Nationalisten, Männern wie Jawaharlal Nehru und Vallabhai Patal, die Rolle der rein politischen Anführer, ohne es jedoch zu verschmähen, selbst »Hand anzulegen«, sei es als Leiter, Repräsentant oder Vermittler, wenn er den Eindruck hatte, dass seine Anhänger seine Lehren nicht richtig begriffen hatten, oder wenn es notwendig erschien, Eindruck auf die Briten zu machen.

Während der Gründerzeit der Unabhängigkeitsbewegung erwies sich zweifellos der leitende gandhische Mythos der Gewaltlosigkeit als bewegende Kraft hinter den verschiedensten Aktionsformen, oft der originellsten und schließlich wirksamsten Massenmanifestationen bis hin zur Beteiligung an Wahlen zu den gesetzgebenden Versammlungen in den Provinzen. Dazu gehörten auch die bewusste Übertretung von Gesetzen und Verordnungen, die Weigerung, Steuern zu zahlen, der Boykott importierter britischer Produkte, der Dienstleistungsstreik der Kasten der »Unberührbaren«, die Öffnung großer Pilgertempel für alle Kasten, der Streik auf Plantagen, Feldern oder in Fabriken.

Und es war das experimentelle Konzept der Selbstmeisterung, von dem Gandhi meinte, seine Logik und Ethik erfordere die Duldung jener sozialen und religiösen Unterschiede, derer sich von jeher Interessenkoalitionen bedient hatten, sowie von zunehmend komplexeren sozialen Kategorien und Lehrtendenzen.

Aktualität und Universalität der Botschaft Gandhis

Man kann heute mehr denn je von der Kraft dieser Machtverweigerung beeindruckt sein, die darin bestand, dass Gandhi und seine Anhänger die Gewaltlosigkeit als Form des Handelns und des Kampfes anwendeten.

Denn gerade auf diese Weise hat die nationale Bewegung des Kongresses es geschafft, dem britischen Empire die Unabhängigkeit Indiens aufzuzwingen – als eine der ersten und letzten Endes erfolgreichsten Entkolonisierungen. Die Universalität der Botschaft Gandhis zeigt sich zunächst in ihrer Wirksamkeit: Sie wurde durch die britischen Regierungen wie durch die mobilisierten indischen Massen aufgenommen und in die Tat umgesetzt.

Aber ist die politische Wirksamkeit von – zumindest für unsere westlichen Augen – weit weniger »klassischen« Mitteln nicht ebenso erstaunlich? Und ist dieses Erstaunen nicht das Zeichen einer gewissen Verständnislosigkeit?

Man stellt heute fest, dass die indischen Kommentatoren – Journalisten, Intellektuelle oder Berufspolitiker – einstimmig beklagen, die Ideale des Gandhismus seien in Vergessenheit geraten (wobei die meisten von ihnen sich selbst bezeichnenderweise aus dem Analysebereich ausschließen). Wenn man ihnen Glauben schenken will, ist die aktuelle Politik Indiens ausschließlich in Begriffen einer autoritären und korrupten Führung und der Resignation einer durch das Elend und die abergläubischen Vorstellungen des Ritualismus verdummten Bevölkerung zu beschreiben. Da von den Briten importiert, seien demokratische Institutionen und die religiöse Neutralität des Staates nur formal existent, aufgepfropft auf eine despotisch und traditionsgebunden gebliebene Gesellschaft.

Als könne die Routine der Politik (Respekt oder Gleichgültigkeit, Beteiligung, Protest oder Revolte) außerhalb jeder Beziehung zu jenen moralischen Werten religiöser oder höherer Ordnung verstanden werden, die ihre Legitimität und damit ihre Bedeutung für die menschliche Erfahrung begründen. Als könne man denken, die indischen Wähler wüssten nicht, was sie tun noch was sie wollen, obwohl sie an den nationalen oder lokalen Wahlen im Durchschnitt zu mehr als 50 Prozent teilnehmen, und das seit der Unabhängigkeit. Und als hätte man in diesen Wahlen praktisch niemals einer einzigen Partei die absolute Mehrheit der Stimmen gegeben und dadurch zahllose Regierungen, Männer und Parteien an die Macht gebracht und wieder abgesetzt – was doch schließlich ein Beweis politischer Reife ist.

Und um ein näher liegendes Beispiel zu nennen: Als könne man das zeitgenössische politische Leben Frankreichs begreifen, ohne an die Revolution von 1789 und die damit verbundenen ideologischen Debatten oder politischen Auseinandersetzungen und sozialen Kämpfe zu denken – ob man nun Handelnder oder einfach Beobachter ist.

Kurz gesagt: Diejenigen, die das heutige politische Leben Indiens mit der Elle der gandhischen Gründungswerte messen, glauben offensichtlich, dass jede Form von Macht zwangsläufig korrumpiert. Außerdem neigen die Aktivisten der nicht staatlichen Organisationen (NGO), die den Versuch machen, Gandhis Botschaft von der Gewaltlosigkeit in allen Teilen Indiens wiederzubeleben, zu der Anschauung, jede Form von Autorität wirke zwangsläufig unterdrückend.

Ein ernsteres Missverständnis lässt sich kaum ausdenken. Denn wer als Schüler Gandhis die Technik der Selbstmeisterung lernen will, die auf dem Gedanken beruht, der Verzicht auf eine besondere Macht über Menschen und Dinge eröffne den Zugang zu Fähigkeiten höherer Ordnung, muss mit der totalen Anerkennung der Autorität des Meisters beginnen. Dort gibt es weder Demut noch Liebe.

Und wenn das Handeln in dieser Welt im Rahmen der Bemühung um Selbstmeisterung relativiert wird, dann ist es damit keineswegs entwertet. Es gewinnt dadurch vielmehr die Kraft, sich zu erneuern, und zwar in seinen Werten wie in seinen Formen.

Weit davon entfernt, einem ohnmächtigen Rückzug auf die »Überlieferung« das Tor zu öffnen, haben diese Techniken es den religiösen und sozialen Reformbewegungen erlaubt, angesichts der Herausforderung des Kolonialismus eine siegreiche Neuanpassung an neuzeitliche Stile vorzunehmen. Dies geschah durch eine Reform der Riten, in denen sich die Identität und der Personenstatus definiert (insbesondere der Ehe). Vor allem dadurch, dass Gandhi in seinem persönlichen Leben das Beispiel für ihre Anwendung gab, hat er die Inder gelehrt, wie sie ihre Rechte erlangen können, indem sie ihre Verantwortlichkeit als Staatsbürger einfordern.

Gandhis Botschaft von der Gewaltlosigkeit konnte also nicht eine pazifistische oder antiautoritäre Botschaft im strengsten Sinne sein. Sie war vor allem eine Methode, den anderen (den Gegner) dazu zu bringen, sein Verhalten zu ändern, indem man zunächst mit sich selbst kämpfte, um sich selbst zu meistern, und auf diese Weise die Überlegenheit über ihn demonstriert. Lehrt doch auch die in der

Bhagavad-Gîtâ enthaltene spirituelle Botschaft, die von Gandhi ausführlich kommentiert wurde, den königlichen Krieger Arjuna die Pflicht, seinen Vetter im Kampf zu töten, unter der Bedingung, dass er damit weder ein Interesse verbindet noch eine Genugtuung empfindet.

Auf jeden Fall appellierte Gandhi an jeden, seine Verantwortung gegenüber Werten (Freiheit der Rede und religiöse Neutralität, also Konflikt der Meinungen) wahrzunehmen, ebenso gegenüber den Interessen und der Ehre seines Hauses (Gewaltentrennung und Versammlungsfreiheit, also Konflikt der Parteien).

Im selben Geiste hat Gandhi niemals das Kastensystem verurteilt: Er lehnte zwar die darin enthaltene Diskriminierung (Unberührbarkeit) ab, forderte aber andererseits eine Moral des Dienens, indem er denjenigen glorifizierte, der es auf dem Gipfel der Selbstmeisterung versteht, auf seinem Platz zu bleiben, d. h., seine gesellschaftliche Stellung nicht zu verbessern versucht. Gandhi sah darin keinen Konservatismus, ebenso wie die ritualistische indische Anschauung von der Welt und der Menschheit, wie sie ihm vertraut war, nicht den Glauben an eine vorbestimmte Harmonie impliziert: Es ist das Handeln, in dem jeder Einzelne seine Verantwortung wahrnehmen muss.

Die Nachahmung des Beispiels Gandhis hat sich außerhalb Indiens nicht als eine größere Bewegung durchgesetzt. Der Grund dafür ist vermutlich der, dass sie von Nichtindern bisher auf die beschriebene Weise missverstanden wurde, noch verstärkt durch die kulturellen Unterschiede. Denn zumindest in Frankreich und Europa ging das Praktizieren des Konzepts der Gewaltlosigkeit fast immer mit einer prinzipiellen Opposition gegen jede Autorität als Bezugspunkt für individuelles Handeln einher. Es ist eine durch Pazifismus und Verweigerung aus Gewissensgründen gekennzeichnete Opposition. Man muss wohl einräumen, dass diese Art von Widerstand bisher nicht zu konkreten Ergebnissen hinsichtlich persönlicher Freiheit und veränderter Lebensbedingungen geführt hat – ausgenommen bei jenen Menschen, die von etwas beseelt sind, was man einen Glauben nennen könnte: einer moralischen Haltung, die ihre Rechtfertigung in sich selbst findet.

Die Geschichte der Vereinigten Staaten und Südafrikas seit den 1930er Jahren, vor allem jedoch seit dem Zweiten Weltkrieg, bietet gute Gegenbeispiele, weil der Einfluss der gandhischen Gewaltlosigkeit dort in den gegen rassistische Systeme kämpfenden Bewegungen eindeutig spürbar war. Es waren dies Bewegungen, die ihrerseits Gesetz und Autorität durchaus respektierten. Das gilt für die Bürgerrechtsbewegung der amerikanischen Schwarzen, angeführt von ihren Priestern, Anwälten und Gewerkschaftern.

Das gilt noch mehr in Südafrika für die sich zur Freiheitscharta bekennende Parteienallianz. Wenn diese seit den fünfziger Jahren vom Afrikanischen Nationalkongress (ANC) begründete Allianz zur Überraschung der ganzen Welt die nationalistischen Afrikaans dazu bringen konnte, über die Abschaffung des rassistischen Apartheidsystems und den Übergang zur Demokratie zu verhandeln, dann deswegen, weil sie es verstanden hat, in ihrem Inneren die multirassische Zusammenarbeit zwischen Schwarzen, Indern, Mestizen und Weißen zu organisieren und sie in dem zunächst legalen und später im Untergrund geführten Kampf gegen ungerechte Gesetze zu verbünden. Denn diese Zusammenarbeit, die die demokratische Logik im Vergleich zu einer eher nationalistischen Logik verstärkte, konnte die Weißen – und unter ihnen vor allem die Jüngeren – dazu bringen, ihre Absonderung als Minorität aufzugeben, ohne befürchten zu müssen, sofort vernichtet zu werden.

Man sieht, dass dort eine sehr gandhische Geisteshaltung am Werk gewesen ist, selbst wenn eine mörderische Unterdrückung den ANC und die Allianz dazu gebracht hat, eine Periode des »bewaffneten Kampfes« zu durchschreiten, die übrigens sehr begrenzt und im Wesentlichen defensiv war. In dieser Hinsicht ist es keineswegs nur anekdotisch, die verhältnismäßig wichtige Rolle zu erwähnen, die der Kongress der Inder Südafrikas in diesem Kampf gespielt hat. Er wurde zu Beginn des Jahrhunderts von Gandhi noch vor den ersten afrikanischen Organisationen gegründet und hat dazu beigetragen, deren Kampfesmethoden zur Eroberung der vollen Staatsbürgerrechte in der Südafrikanischen Union zu inspirieren. In der letzten Periode haben sich militante Inder ebenfalls dem ANC angeschlossen, was sicherlich ihre aktive Präsenz in den neuen Institutionen und in der Regierung gestärkt hat.

Weit davon entfernt, die Autorität und die sozialen Unterschiede in ihren Grundlagen infrage zu stellen, hat der Gandhismus im Gegenteil versucht, sie wiederzubeleben. Er tat dies, indem er im Bereich der moralischen und sozialen Kritik jene Werte in Erinnerung brachte, die ihnen eine Legitimation verschaffen. Wollen wir uns von dem universalistischen Streben dieses modernen indischen Humanismus inspirieren lassen, dann müssen wir die Inspiration eher in dem suchen, was spezifisch für diesen Humanismus ist – verantwortungsbewusstes Handeln, ein kritisches Verhältnis zu den Werten –, als in dem, was oberflächlich gesehen unseren Werten ähnlich scheint, also der Ablehnung der Gewalt, die mit jeder Autorität verbunden ist.

Lässt uns übrigens die moderne europäische Erfahrung mit Utopien eine Wahl? Hat sie doch erlebt, wie absolute Opposition gegen Macht mit der Entstehung absoluter Mächte endete. Und nährt nicht die Besessenheit von der Macht, die ja einziges Objekt unseres Protestes ist, ein tiefes Gefühl der Ohnmacht, an unserer eigenen Geschichte teilzunehmen? Uns bleibt nichts übrig, als uns wieder dem zu-

zuwenden, was der Gründungsmythos der französischen demokratischen Erfahrung bleibt: In der Legitimität des von der Revolution von 1789 begründeten »Gesetzes« kann eine moralische Politik der Verantwortlichkeit die Erfordernisse einer persönlichen Überzeugungsethik wiederfinden. Und es sind die Gewaltentrennung und die Tugenden, die sie voraussetzt, wodurch Freiheit und Gleichheit auf gleicher Stufe stehen.

Nur unter dieser Bedingung können wir die Genealogie dieses Mythos zurückverfolgen und seine Grundlagen in den mystischen christlichen Erfahrungen wiederfinden, die aus der Autorität ein Instrument der inneren Freiheit gemacht haben, oder seinen Verzweigungen durch den parlamentarischen Legalismus eines Jaurès oder den revolutionären Geist der Anarcho-Syndikalisten (Gewerkschaftshäuser und Generalstreik) nachgehen. Stets handelt es sich darum, das eigene Geschick zu beherrschen, statt sein Opfer zu sein.

Auf jeden Fall haben wir durch die Rückkehr zu den vielfältigen Quellen unserer eigenen Werte die Chance, das Missverständnis fruchtbar zu gestalten, das bei dem Aufeinandertreffen von gleichermaßen eroberungslustigen Universalien unvermeidlich ist. Was Gandhi angeht, so hat er bei der Ausarbeitung der Methode der Gewaltlosigkeit nicht gezögert, die Inder Südafrikas für den Kampf um ihre Rechte zu mobilisieren, sogar im Namen der Werte des britischen Empire, zu dem sie damals gehörten.

Henri Stern

Glaube

Religion, das ist nicht die formale Religion oder die herkömmliche Religion, sondern jene allen Religionen zugrunde liegende Religion, die uns unserem Schöpfer von Angesicht zu Angesicht gegenüberstellt.

Religion transzendiert den Hinduismus, selbst wenn jedermann seine eigene Religion sicherlich mehr schätzt als alle anderen Religionen.

Religion verändert sogar unsere Natur. Sie bindet uns unauflöslich an die Wahrheit, die wir in uns tragen und die uns absolut reinigt.

Religion, das ist dieses beständige Element der menschlichen Natur, das unbändig danach strebt, sich auszudrücken, und das der Seele keine Ruhe lässt, bis sie sich gefunden hat, bis der Mensch seinen Schöpfer kennt und die wahre Übereinstimmung zwischen dem Schöpfer und sich selbst gewahr wird.

Religion ist ein ständiger, wütender Zweikampf im Herzen der Menschen.

Im Hinduismus gilt das ganze sichtbare irdische Leben als eine Inkarnation der göttlichen Natur.

Man bezeichnet nur denjenigen als Inkarnation des Göttlichen, der der Menschheit irgendeinen außergewöhnlichen Dienst erwiesen hat, jemanden, der sich in seinem Verhalten als der Religiöseste erwiesen hat. Und dieser Geist ist es, der Krishna den Status der vollkommensten Inkarnation des Hinduismus verleiht.

Der Glaube an die Inkarnation des Göttlichen zeugt vom hohen spirituellen Streben des Menschen.

Der Mensch befindet sich erst dann in Frieden mit sich selbst, wenn es ihm gelingt, sich auf die Höhe der göttlichen Natur zu erheben. Diesen Zustand zu erreichen ist das allerhöchste Streben, das einzige, das erstrebenswert ist. Es ist die wahre Selbstverwirklichung, die Verwirklichung des höchsten göttlichen Potenzials.

Weit davon entfernt, einfach ein verbaler Kult zu sein, ist die Frömmigkeit ein Kampf mit dem Tode.

Die Frömmigkeit besteht nicht aus sanftem Herzenserguss. Sie ist kein blinder Glaube. Noch weniger geht es dabei um eine Manifestation nach außen: Die Gebetskette, Sektenmale auf der Stirn oder Opfergaben sind keineswegs Beweise für Frömmigkeit.

Ein wahrer Frommer sein heißt zur Selbstverwirklichung gelangen. Denn die Verwirklichung des Selbst ist nicht das Ergebnis eines Prozesses, das vom Prozess selbst zu trennen wäre.

Mit einer Rupie kann man Gift oder Nektar kaufen. Doch können uns Wissen oder Frömmigkeit weder das Heil noch die Verdammnis bescheren. Sie sind keine Mittel zum Tauschen, sondern Dinge, die wir unabhängig von ihrem Wert für unser Leben erstreben.

Das Ziel und die Mittel sind praktisch, wenn nicht sogar in einem absoluten Sinne identisch. Im Grunde ist das Seelenheil gleichzeitig das Mittel zum Seelenheil. Das Heil der *Gîtâ* ist der vollkommene Frieden.

Die *Gîtâ* der Hindus ist nicht für diejenigen bestimmt, denen es an Glauben mangelt, denn sie singt das Loblied der Erkenntnis, geht jedoch über das bloße intellektuelle Verstehen hinaus. Sie wendet sich im Wesentlichen ans Herz und kann in Wahrheit nur durch das Herz verstanden werden.

Wie könnte man der christlichen Ansicht zustimmen, derzufolge die Menschen die einzigen Lebewesen sind, die eine Seele haben, während alle anderen nach dem Tode zur völligen Vernichtung verdammt sind?

Man kann Jesus als Märtyrer akzeptieren, als Inkarnation des Opfers oder als göttlichen Meister, jedoch ganz gewiss nicht als den vollkommensten Menschen, der je geboren wurde. Sein Kreuzestod hat der Welt ein großes Beispiel gegeben, doch weigert sich das Herz, darin eine geheimnisvolle oder übernatürliche Tugend zu sehen.

Was das Opfer anbelangt, scheinen die Hindus die Christen bei weitem zu übertreffen. Und in den christlichen Prinzipien ist nichts zu finden, das philosophisch außergewöhnlich wäre.

Bei den Hindus und den Gläubigen anderer Religionen beobachtet man ebenso viele Reformbemühungen wie bei den Christen. Unter diesen Umständen fällt es schwer, das Christentum als eine vollkommene Religion anzusehen, oder gar als die bedeutendste aller Religionen.

Wenn es schwer fällt, das Christentum als die bedeutendste der Religionen anzusehen, so ist das noch lange kein Grund, den Hinduismus als diese zu betrachten. Denn die Mängel des Hinduismus sind nur allzu offensichtlich. Wenn die Unberührbarkeit Teil des Hinduismus ist, dann kann sie nur ein verdorbener Teil oder ein Auswuchs sein. Warum es so viele Kasten und Sekten geben muss, ist ebenso wenig verständlich. Und was sollte man zu der Feststellung sagen, die *Vedas* seien das inspirierte Wort Gottes? Wenn die *Vedas* inspiriert waren, warum dann nicht auch die Bibel und der Koran?

Das Studium der verschiedenen Religionen motiviert uns zur Introspektion und verankert in uns die Gewohnheit, alles in die Praxis umzusetzen, was unser Interesse erweckt. So auch die Yoga-Übungen, die wir in so vielen hinduistischen Texten vorfinden.

Nachdem wir einen Zyklus von Geburten in zahlreichen Spezies durchlaufen haben, werden wir als menschliche Wesen geboren. Die Befreiung (*moksha*), die uns der Welt der Gegensätze entkommen lässt, kann nur durch das Leben in einem menschlichen Körper erreicht werden.

Wenn es in letzter Analyse wirklich nur *ein* individuelles unsterbliches Prinzip (*âtman*) gibt, dann sollte es nicht als unmöglich oder übernatürlich erscheinen, dass wir einen Zyklus zahlloser Erscheinungen in Form von zahllosen Leben durchlaufen. Unsere Vernunft kann diese Idee akzeptieren; manche Menschen können sich sogar an ihre früheren Leben erinnern.

Die wesentlichen Prinzipien der klassischen religiösen Lehrbücher sind immer und überall dieselben. Aber die darauf beruhenden Praktiken unterscheiden sich entsprechend den historischen und kulturellen Gegebenheiten.

Yajña (das antike vedische Opfer) ist ein schönes, sehr suggestives Wort. Es kann »Kult« oder »Opfer« bedeuten, aber ebenso »Dienst am anderen«. Versteht man es auf die letztere Art, so verdient es, dass man ihm heute wieder Beachtung schenkt. Die Rituale jedoch, die in den klassischen Handbüchern als *yajña* beschrieben werden, verdienen es nicht. Einige von ihnen würden unserer Vernunft oder unserem moralischen Gefühl widerstreben. Könnte man sich heute vorstellen, die Menschenopfer zu verrichten, von denen die Anthropologen sagen, sie seien einst praktiziert worden?

Da wir existieren und unsere Eltern sowie deren Eltern existiert haben, müssen wir an die Existenz eines Vaters der ganzen Schöpfung glauben. Denn wenn Er nicht ist, dann sind auch wir nicht.

Gott ist kleiner als ein Atom und größer als der Himalaja. Er steckt in einem einzigen Wassertropfen, und dennoch können selbst die sieben Weltmeere Ihn nicht enthalten. Der Verstand vermag Ihn nicht zu erkennen: Er ist außerhalb seiner Reichweite. Hier kommt es ganz entscheidend auf den Glauben an.

Es gibt eine Lebenskraft, die allem, was sich wandelt und stirbt, zugrunde liegt und sich nicht wandelt. Sie hält alles zusammen, löst auf und erschafft neu. Diese schöpferische Kraft, dieser ewige Geist, er allein, ist Gott.

Gott ist die Güte. Denn inmitten des Todes besteht das Leben doch weiter, inmitten der Lüge die Wahrheit, inmitten der Dunkelheit das Licht. Also ist Gott das Leben, die Wahrheit und das Licht. Er ist Liebe. Er ist das höchste Gute.

Das, was nur den Intellekt befriedigt – so weit dieser auch reichen mag –, ist nicht Gott. Gott muss, um Gott zu sein, das Herz regieren und es verwandeln. Er muss sich in jeder noch so winzigen Handlung des Gläubigen ausdrücken.

Die Existenz des Bösen lässt sich durch den Verstand nicht erklären. Versuchte man das zu tun, hieße das, sich mit Gott gleichzustellen. Seien wir also demütig genug, um das Böse als solches zu erkennen. Man kann Gott gerade deshalb tolerant und geduldig nennen, weil er die Existenz des Bösen in der Welt erlaubt. Wir wissen, dass Er das Böse nicht kennt: Er ist sein Urheber, wird von ihm aber nicht berührt.

Wir wissen, dass wir Gott niemals kennen werden, wenn wir nicht das Böse bekämpfen, selbst um den Preis unseres Lebens. Je mehr wir uns bemühen, uns zu reinigen, desto näher fühlen wir uns Gott.

Die Rationalisten sind bewundernswert, doch ist der Rationalismus ein abscheuliches Monstrum, wenn er die Allmacht für sich in Anspruch nimmt. Dem Verstand Allmacht zuzugestehen, das ist ein ebenso armseliger Akt des Götzendienstes wie das Praktizieren eines Kults der Ahnen und der Steine.

Man soll die Vernunft nicht ablehnen, sondern das in uns erkennen, was sie heiligt.

Man kann Gott nicht als Person auffassen: Gott ist vielmehr die Wahrheit selbst. Das Gesetz Gottes und Gott selbst sind nicht in der Weise verschieden, wie es ein irdischer Herrscher und sein Gesetz sind.

Die Vollkommenheit ist eine Eigenschaft des Allmächtigen. Und dennoch: Was ist Er doch für ein Demokrat! Wie viele Betrügereien und Bösartigkeiten unsererseits erträgt Er. Er lässt es sogar zu, dass wir, seine unbedeutenden Geschöpfe, Seine Existenz infrage stellen, obwohl Er doch in jedem Atom in uns und um uns herum anwesend ist.

Die Naturgesetze sind ewig gültig und es gibt keine Wunder im Sinne einer Verletzung dieser Gesetze. Und dennoch bilden wir beschränkte Geschöpfe uns alle möglichen Dinge ein und geben Gott die Schuld an unserer Beschränktheit.

Gott ist Wahrheit und Liebe. Er ist die Unerschrockenheit. Er ist die Quelle des Lichts und des Lebens. Dennoch steht Er über allen Dingen und jenseits von ihnen. Gott ist Bewusstsein. Er ist sogar der Atheismus des Atheisten.

Gott ist derjenige, der unser Herz auslotet. Er transzendiert das Wort und den Verstand. Er kennt uns besser, als wir selbst uns kennen. Er nimmt uns nicht beim Wort, denn Er weiß, dass wir oft gar nicht das denken, was wir sagen, wissentlich oder nicht.

Gott erscheint denen als Person, die Seiner persönlichen Gegenwart bedürfen. Er gibt sich einen Körper für diejenigen, die ein Bedürfnis nach Seiner Berührung haben. Gleichzeitig ist Er die allerreinste Essenz. Für diejenigen, die den Glauben besitzen, *ist* Er einfach. Für alle Menschen kann Er alles nur Mögliche sein.

Gott ist in uns und dennoch über uns und jenseits von uns. Er ist geduldig. Er ist furchtbar. Er ist die anspruchsvollste Person dieser und der künftigen Welt. Er behandelt uns genauso, wie wir unsere Nächsten behandeln – die Menschen und die Tiere.

Wir rezitieren die tausend Namen Gottes, die uns die heiligen Hindu-Schriften übermitteln, und wir glauben auch, dass Er keinen Namen hat. Wir schreiben Gott viele Formen zu und glauben auch, Er habe keine Form. Und so wie Gott zu uns in vielen Sprachen spricht, so betrachten wir Ihn als jenseits der Sprache.

Wenn wir die Großartigkeit eines Sonnenuntergangs oder die Schönheit des Mondes bewundern, dann wird unsere Seele von Anbetung des Schöpfers erfüllt. Bemühen wir uns, das Zeichen Seiner Gnade in jedem Seiner Geschöpfe zu finden.

Es geht nicht darum, die Zukunft vorauszusehen. Es geht darum, die Gegenwart zu bewältigen. Gott gibt uns keine Kontrolle über den nächsten Augenblick.

Eine Niederlage kann mich nicht entmutigen, sie kann mich nur korrigieren. Denn ich weiß, dass Gott mich führen wird.

Wir müssen mit Dankbarkeit alles als Geschenk betrachten, was der Herr des Universums uns gibt, wie der Sklave für das dankbar ist, was er vom Herrn erhält, der ihm Nahrung und Kleidung liefert. Denn wir dürfen nicht erwarten, dass wir für die Erfüllung unserer Pflichten gegenüber dem Herrn, die unsere Bringschuld ist, belohnt werden.

Ich war mehr als ein halbes Jahrhundert freiwillig ein Sklave Gottes, des anspruchsvollsten aller Herren. Im Laufe der Jahre wurde Seine Stimme zunehmend hörbarer, und Er hat mich niemals im Stich gelassen, selbst in den schwärzesten Stunden nicht. Er hat mich oft vor mir selbst gerettet und mir kein bisschen Autonomie gelassen. Je mehr ich mich Ihm anvertraut habe, desto mehr hat meine Freude ihren Höhepunkt erreicht.

Spürte ich nicht die Gegenwart Gottes in mir, dann würden das ganze Elend, das ich sehe, und alle Enttäuschungen, die ich täglich erfahre, mich verrückt machen – so sehr, dass ich mich in den Fluss stürzen könnte. Nur die Gewissheit dieser Gegenwart hat mir erlaubt, im Wesentlichen meine Geistesruhe zu bewahren.

Jedem menschlichen Wesen ist es möglich, diesen unbeschreiblichen gesegneten Zustand zu erreichen, in dem in ihm selbst nichts mehr bleibt als die Gegenwart Gottes.

Die Stimme Gottes oder der Wahrheit; die innere Stimme oder die Stimme des Gewissens – sie sind ein und dieselbe Stimme. Wenn man auch von Gott keinerlei Form wahrnimmt, da Er keine Form hat, so konnte ich doch diese Stimme hören – von weit her und dennoch ganz nahe. Mitten in der Nacht völlig erwacht, vermochte ich sie nach langem Kampf in mir zu hören – und fand Ruhe und Freude darin.

Meine Nützlichkeit ginge an dem Tage verloren, an dem ich die Stimme des Gewissens in mir ersticken würde.

Man kann die Welt nicht ewig täuschen. Zwar lässt sich niemals ausschließen, dass gewisse Leute zu Unrecht behaupten, sie hörten die innere Stimme. Aber es besteht keine Gefahr einer Anarchie, wenn ein demütiger Mensch wie ich es wagt, für sich die Autorität der inneren Stimme in Anspruch zu nehmen, und sich weigert, sie zu ersticken, wenn er meint, sie gehört zu haben.

Der Mensch ist ein fehlbares Wesen. Was er für eine Antwort auf sein Gebet hält, kann in Wahrheit sehr wohl nur ein Echo auf seine Eitelkeit sein. Zu einem unfehlbaren Führer gehört, dass er ein vollkommen unschuldiges Herz besitzt und zu keiner Bösartigkeit fähig ist. Was mich betrifft, so könnte ich niemals eine solche Behauptung aufstellen. Meine Seele ist unvollkommen, sie irrt sich und bemüht sich zu kämpfen.

Ich glaube fest daran, dass Gott sich täglich jedem Menschenwesen offenbart, dass wir jedoch unsere Ohren der Stimme des Gewissens verschließen.

Nach unablässigen Versuchen, mich zu reinigen, glaube ich, eine gewisse Fähigkeit erlangt zu haben, die Stimme des Gewissens klar und deutlich in mir zu hören.

Das Gebet ist die Seele, die Essenz der Religion. Es muss daher im Herzen des Lebens jedes menschlichen Wesens weilen. Denn niemand kann ohne Religion leben.

Wäre ich ein Diktator, dann würden Religion und Staat getrennt. Meine Religion ist mir heilig; ich würde für sie sterben. Aber sie ist meine ganz persönliche Angelegenheit. Der Staat hat damit gar nichts zu tun.

Der Staat muss sich mit unserem materiellen Wohlergehen, unserer Gesundheit, den Verbindungen oder Beziehungen nach außen beschäftigen, jedoch nicht mit unserer Religion – mit eurer oder meiner. Die Religion ist die persönliche Angelegenheit jedes Einzelnen.

Es ist gewiss, dass der Staat religiös neutral sein muss. Alle Bürger müssen das Recht haben, sich in voller Freiheit und ohne äußere Hindernisse zu ihrer Religion zu bekennen, solange sie sich dem allgemeinen Gesetz des Landes beugen.

Wahrheit

Man kann sagen, Gott ist Liebe. Vertieft man jedoch die Suche in sich selbst, dann gelangt man zu dem Gedanken, dass Gott vor allem Wahrheit ist. Das ist die vollständigste Beschreibung Gottes, die es meines Erachtens in der menschlichen Sprache gibt. Schließlich bin ich sogar geneigt, die Begriffe umzukehren: Es ist die Wahrheit, die Gott ist – eine Formulierung, die auf die Leugnung Gottes durch die Atheisten, diese leidenschaftlichen Anhänger der Wahrheit, antwortet.

~

Behauptet man, Gott sei die Wahrheit, dann sieht man sich mit einer ungeheuren Schwierigkeit konfrontiert. Unzählige Grausamkeiten wurden im Namen Gottes begangen, ebenso wie unmenschliche Grausamkeiten gegen Tiere im Namen der Wahrheit der Wissenschaft begangen wurden – vornehmlich durch das Praktizieren der Vivisektion. Anders gesagt: Der menschliche Geist ist begrenzt und ist daher auch nur in Grenzen fähig, ein Wesen zu denken, das dem Verständnis des Menschen unzugänglich ist.

~

In der Weltanschauung der Hindus existiert nur Gott, sonst nichts. Das ist einer der Gründe, die zu dem Schluss führen, dass die Wahrheit Gott ist – wenn man sich dabei bewusst macht, dass das Sanskrit-Wort für Wahrheit (*sat*) buchstäblich bedeutet: »Das, was ist«.

Es ist schwer zu entscheiden, was die Wahrheit ist. Ich habe diese Frage für mich selbst gelöst. Sie ist das, was die innere Stimme in jedem von uns sagt.

Was für den einen die Wahrheit ist, wird für einen anderen Lüge sein. Verschiedene Personen gelangen zu verschiedenen Wahrheiten, sogar gegensätzlichen, weil der menschliche Geist auf äußerst verschiedene Weisen funktioniert und seine Evolution nicht für jeden von uns die gleiche ist. Diejenigen, die sich schon mit Experimenten in diesem Bereich befasst haben, sind zu der Schlussfolgerung gelangt, dass jede Wahrheit die Berücksichtigung bestimmter Verhältnisse erfordert.

Ebenso wie eine Versuchsbeschreibung bei der Durchführung eines wissenschaftlichen Experiments unentbehrlich ist, ist das Einhalten einer strengen Disziplin erforderlich, wenn man im spirituellen Bereich experimentieren will.

Bevor er von seiner inneren Stimme spricht, muss sich jeder seiner Grenzen bewusst sein.

Die Erfahrung unserer Vorgänger lehrt uns, dass diejenigen, die für sich auf der Suche nach der Wahrheit und nach Gott sind, die Probe mehrerer Gelübde bestehen müssen: Gelübde der Wahrheit; Gelübde der Keuschheit, denn man kann die Liebe zur Wahrheit und zu Gott mit nichts und keiner anderen Person teilen; Gelübde der Gewaltlosigkeit; Gelübde der Armut; Gelübde der Besitzlosigkeit. Um die Wahrheit zu erfahren, muss man sich Treue zu diesen fünf Gelübden auferlegen.

In aller Demut muss man bestätigen, dass die Wahrheit nicht von jemandem entdeckt werden kann, der nicht ein entwickeltes Gefühl von Demut besitzt. Gerade weil heutzutage jeder von sich behauptet, die Stimme des Gewissens zu hören, ohne sich irgendwelche Disziplin aufzuerlegen, werden so viele Lügen hervorgebracht und regiert derartige Verwirrung in unserer Welt.

Um inmitten des Ozeans der Wahrheit zu schwimmen, muss man sich selbst auf null zurückführen.

Dort, wo die Wahrheit existiert, findet sich auch die wahrhafte Erkenntnis. Die Erkenntnis ist mit dem Namen Gottes verbunden und die Wahrheit führt stets zur Glückseligkeit. Dementsprechend ist Gott derjenige, der in sich selbst Wahrheit, Erkenntnis und Glückseligkeit besitzt.

~

Die Hingabe an die Wahrheit sollte unser einziger Lebenszweck sein. Alle unsere Handlungen müssen Wahrheit sein. Die Wahrheit muss geradezu der Atem unseres Lebens sein. Sobald der Pilger diese Etappe erreicht hat, dürfte er alle anderen Prinzipien eines beispielhaften Lebens ohne Mühe erlangen, und er wird sich ihnen instinktiv unterwerfen.

~

Ohne Wahrheit ist es unmöglich, Prinzipien und einen Verhaltenskodex für das Leben zu befolgen.

~

Die Regeln der Wahrheit zu befolgen bedeutet im Allgemeinen einfach, dass man stets die Wahrheit sagen sollte. Doch hat der ursprüngliche Ausdruck »Wahrheit« (*satya*) eine viel umfassendere Bedeutung. Er muss Wahrheit im Denken, Wahrheit in den Worten, Wahrheit im Handeln umfassen. Für den, der es verstanden hat, diese Wahrheit in ihrer ganzen Fülle zu verwirklichen, bleibt nichts mehr zu lernen, denn in dieser Wahrheit ist alle Erkenntnis zwangsläufig eingeschlossen.

Was für den einen Wahrheit ist, kann für den anderen Unwahrheit sein. Wer nach der Wahrheit sucht, sollte deswegen nicht beunruhigt sein. Denn er wird durch unablässiges und ehrliches Bemühen zu der Einsicht gelangen, dass das, was unterschiedliche Wahrheiten zu sein scheinen, nur die zahllosen Blätter ein und desselben Baumes sind.

Erscheint Gott nicht jedem von uns unter verschiedenen Aspekten? Und dennoch wissen wir, dass Er nur einer ist. Wahrheit ist die wahre Bezeichnung Gottes. Also kann jede einzelne Person ihre Wahrheit begreifen und ihr folgen. Das ist die Pflicht jedes Einzelnen.

Die Suche nach der Wahrheit impliziert das Leiden, manchmal den Tod. Bei dieser absichtslosen Suche kann niemand auf Dauer Verlierer sein. Denn wenn wir uns im Weg täuschen, so führt uns am Ende immer irgendetwas auf den rechten Weg zurück.

Die Suche nach der Wahrheit ist die echte Frömmigkeit. Sie ist der Weg, der zu Gott führt. Also können Furcht und Niederlage nicht existieren. Die Wahrheit ist ein Talisman, der bewirkt, dass der Tod eine Pforte zum ewigen Leben wird.

Der Weg der Wahrheit ist wie der der Gewaltlosigkeit – ebenso eng wie geradlinig. Es ist, als balancierte man auf der Schneide eines Degens. Ein Akrobat kann auf einem straff gespannten Seil gehen, indem er sich konzentriert. Doch ist die für das Vorankommen auf dem Weg der Wahrheit erforderliche Konzentration noch viel größer. Die kleinste Unaufmerksamkeit kann den Sturz bewirken. Die Wahrheit erkennt man nur durch ständiges Bemühen.

Toleranz

Das Studium verschiedener Religionen führt dazu, dass man sie alle schätzt. So hat mir die Betrachtungsweise der europäischen Theosophen und Orientalisten geholfen, mich von dem in Indien durch die christlichen Missionare verbreiteten Vorurteil zu befreien, der Hinduismus sei bloß eine Ansammlung abergläubischer Vorstellungen.

Aus hinduistischer Sicht sind alle Religionen mehr oder weniger wahr. Denn wenn sie aus ein und derselben Göttlichkeit stammen, sind alle gleichermaßen unvollkommen, in dem Maße in dem sie durch die Vermittlung menschlicher Unvollkommenheit zu uns gelangen.

Die Religionen sind unterschiedliche Wege, die auf denselben Punkt zulaufen. Was spielt es für eine Rolle, wenn wir verschiedene Wege einschlagen, vorausgesetzt es geschieht, um dasselbe Ziel zu erreichen? In Wirklichkeit gibt es so viele Religionen wie Individuen.

Auf Erden kann und wird es nicht nur eine einzige Religion geben. Deshalb muss man sich bemühen, die Eigenschaften zu finden, die den verschiedenen Religionen gemeinsam sind, und daraus die wechselseitige Toleranz abzuleiten.

Ich habe die heiligen Bücher jeder Religion mit demselben Geist der Ehrerbietung gelesen. Jedes Mal habe ich in ihnen denselben Grund von Moralität gefunden.

Ich verwende den Begriff »Toleranz« mangels eines besseren. Denn dieser Ausdruck impliziert im Geist einiger Leute die unbegründete Annahme, dass die anderen Religionen der eigenen unterlegen seien. Was die Gewaltlosigkeit uns lehrt, ist jedoch genauer formuliert, dass man dieselbe Achtung für die Religion der anderen wie für die eigene hat, und damit zugleich deren Unvollkommenheit zugibt.

Die Erfahrung lehrt uns Folgendes: Es ist ein Irrtum, sich übereilt einzubilden, ein Punkt, den wir nicht verstanden haben, verrate zwangsläufig einen Irrtum. Übrigens sind einige Punkte, die ich einst nicht verstanden habe, für mich heute ebenso klar wie der Tag.

Der Geist der Gleichheit trägt dazu bei, viele Schwierigkeiten aufzulösen. Selbst wenn es vorkommt, dass wir diesen oder jenen Aspekt einer anderen Religion kritisieren, sollten wir uns mit Demut und Höflichkeit äußern, um jegliche Beleidigung zu vermeiden.

Das Akzeptieren der Lehre von der Gleichheit aller Religionen darf nicht die Unterscheidung zwischen Religion und Gottlosigkeit beseitigen. Kultivieren wir nicht die Toleranz für die Gottlosigkeit.

Als Sucher der Wahrheit können wir nicht anders, als uns unserer eigenen Unvollkommenheit und der unserer Religion bewusst zu sein. Ebenso wenig wie wir Gott erkannt haben, haben wir die Religion in ihrer Vollkommenheit erkannt. In ihrer Unvollkommenheit ist die Religion, die wir begreifen können, zwangsläufig einem Prozess der Evolution und Neuinterpretation unterworfen. Nur eine solche Evolution erlaubt das Voranschreiten zur Wahrheit, zu Gott. Und weil alle von Menschen konzipierten Religionen im gleichen Maße unvollkommen sind, stellt sich nicht einmal die Frage des Vergleichs ihrer Verdienste.

Jede Religion stellt eine Offenbarung der Wahrheit dar, doch sind alle unvollkommen, für Irrtümer anfällig. So wie die Achtung vor den anderen Religionen uns nicht für deren Mängel blind machen muss, dürfen wir auch nicht blind für die Mängel unserer eigenen sein, ohne sie deshalb aufzugeben. Wir müssen im Gegenteil versuchen, diese Mängel zu überwinden.

Wenn wir fähig sind, alle Religionen als gleich zu betrachten, dann werden wir nicht zögern, die akzeptablen Aspekte der anderen in die unsrige aufzunehmen – wir sollten uns das sogar zur Pflicht machen.

Aus persönlicher Sicht hat man immer Recht, aus der Sicht aufrichtiger Kritiker oft Unrecht. Doch weiß man wohl, dass beide Seiten aus ihrer jeweiligen Sicht Recht haben. Deshalb sollte man jede Verurteilung seiner Gegner oder Kritiker vermeiden.

Es ist nicht meine Angelegenheit, die heiligen Schriften der anderen Religionen zu kritisieren. Es ist vielmehr ein Privileg, die in ihnen enthaltenen Wahrheiten verkünden und praktizieren zu können. Und es ist für den Hindu, der ich bin, zugleich ein Recht und eine Pflicht, die Mängel des Hinduismus zu identifizieren, um ihn zu reinigen.

Wenn Nichthindus die Mängel des Hinduismus kritisieren, bezeugen sie sehr oft ihre Unkenntnis dieser Religion und ihre Unfähigkeit, sie aus hinduistischer Sicht zu beurteilen. Das entstellt ihre Sicht und verfälscht ihr Urteil. Das sind weitere Gründe für Hindus, sich ihrer eigenen Grenzen bewusst zu werden und zu vermeiden, sich in die Kritik des Islams oder des Christentums sowie ihrer Gründer zu stürzen.

Das Akzeptieren der göttlichen Offenbarung entbindet keineswegs von der Ausübung der Vernunft, denn auch wenn alle heiligen Schriften inspiriert sind, leiden sie doch unter einem doppelten Prozess der Verdünnung: Nachdem sie zunächst von einem menschlichen Propheten verkündet wurden, wurden sie anschließend durch die Interpretation von Kommentatoren weitergegeben.

Man darf die heiligen Schriften der verschiedenen Religionen nicht buchstäblich begreifen, sondern muss ihren Geist verstehen. Für eine solche Interpretation genügt es, sie auf die Kriterien der Wahrheit und der Gewaltlosigkeit zu gründen, die diese Schriften selbst vorschlagen. Dann kann man beibehalten, was mit diesen Kriterien übereinstimmt, und alles ablehnen, was ihnen nicht entspricht.

Das wohlwollende Studium aller Religionen der Welt ist eine heilige Pflicht, wenn wir ebenso viel Achtung für die Religion der anderen haben, wie wir sie für unsere eigene erhoffen. Ein derartiges Studium muss keineswegs unsere Achtung und unseren Glauben an unsere eigenen heiligen Schriften vermindern. Indem es unsere Schau des Lebens erweitert, erlaubt es uns gerade, einige ihrer Unklarheiten aufzuklären.

In der jenseitigen Welt gibt es weder Hindus noch Christen noch Muslime. Alle Menschen werden nach ihren Handlungen beurteilt und nicht nach dem, wozu sie sich bekannt haben. Deshalb können wir die Identität des Glaubens unserer Vorfahren bewahren, wenn uns das nicht daran hindert, uns weiterzuentwickeln und uns für alles zu öffnen, was anderswo gut ist.

Öffnet ein Hindu sich christlichen, muslimischen oder zoroastrischen Lehren, dann ist er deswegen nicht eklektizistisch und es mangelt ihm nicht am Glauben: Es ist ein Beweis von Toleranz. Das kann zwar andere in Verlegenheit bringen, jedoch nicht ihn.

Im Gegensatz zur landläufigen Meinung ist der Buddhismus kein Atheismus.

Der Buddha hat die ewige und unantastbare Existenz einer moralischen Ordnung des Universums bekräftigt – einer Ordnung, in der das Gesetz Gott selbst ist. Was seine Seele jedoch voller Entrüstung verworfen hat, das ist der Glaube an einen Gott, der zu seiner Befriedigung nach dem Blut von Opfertieren verlangt, obwohl diese Tiere doch seine Schöpfung sind.

Die großartige Idee des buddhistischen Seelenheils, das *Nirvâna*, ist nicht nihilistisch. Es bedeutet nicht die totale Auslöschung. Es bedeutet, genau genommen, die Auslöschung all dessen in uns, was gemein, lasterhaft, verderbt und bestechlich ist. Das Nirvâna ist nicht wie der dunkle Frieden des Todes, sondern vielmehr wie ein lebendiger Friede, wie das lebendige Glück der ihrer selbst bewussten Seele, bewusst, ihren Platz im Herzen des Ewigen gefunden zu haben.

Besitzt man kein Exemplar der *Bhagavad-Gîtâ* der Hindus oder hat man sie vollständig vergessen, hat jedoch ein Exemplar der Bergpredigt der Christen zur Verfügung, dann könnte man gewiss an der Lektüre der Letzteren dieselbe Freude haben.

Der Islam ist eine Religion des Friedens, im selben Sinne wie das Christentum, der Buddhismus und der Hinduismus. Natürlich gibt es graduelle Unterschiede, doch bleibt der Friede das Ziel aller dieser Religionen. Und wenn man manchmal meinen könnte, die Anhänger des Islam griffen zu leicht zum Schwert, sind daran ganz bestimmt nicht die Lehren des Koran schuld, sondern die Bedingungen, unter denen diese Religion entstanden ist. Ebenso wenig darf man die Verantwortung für die blutigen Annalen des Christentums Jesus anlasten, sondern muss sie dem Umfeld zuschreiben, in dem seine großartige Lehre sich ausgebreitet hat.

Man soll nicht versuchen, mit den Geistern der Toten zu kommunizieren. Nicht, dass man nicht an die Möglichkeit einer solchen Kommunikation glauben sollte. Doch ist sie als Produkt der Einbildungskraft oft Quelle von Täuschungen. Außerdem kann sie leicht schädlich sein, für die Geister, die man daran hindert aufzusteigen, ebenso wie für das Medium selbst.

Gott hat die verschiedenen Religionen erschaffen, wie er ihre Anhänger geschaffen hat. Wie könnte ich dann die Religion meines Nachbarn als unterlegen ansehen? Warum sollte ich wünschen, dass er seine Religion aufgibt, um sich zu meiner zu bekennen? Man kann jedem Einzelnen nur wünschen, dass er sich in seiner eigenen Religion vervollkommnet.

Die christlichen Missionare täuschen sich, wenn sie den Hinduismus als eine Religion betrachten, die der ihren unterlegen ist. Dennoch ist ihre Hilfe absolut willkommen, wenn sie dazu dient, konstruktiv zu wirken und den Hindus zu helfen, sich von Irrtümern und Missständen wie etwa der Unberührbarkeit zu reinigen. Wenn es sich jedoch tatsächlich darum handeln sollte, den Hinduismus durch eine andere Religion ersetzen zu wollen, dann wäre das gerade so, als wolle man ein Haus abreißen, das nur reparaturbedürftig ist.

Alle Religionen sind grundsätzlich gleich und wir müssen dieselbe selbstverständliche Achtung vor der Religion der anderen wie vor unserer eigenen empfinden. Die gleiche Achtung, das bedeutet mehr als bloß wechselseitige Toleranz. Deshalb kann Bekehrungseifer den Frieden nur daran hindern, sich in der Welt auszubreiten.

Erstens: Alle Religionen sind wahr. Zweitens: Alle Religionen enthalten ein gewisses Maß von Irrtümern. Drittens: Alle Religionen sind mir fast so teuer wie mein eigener Hinduismus, ebenso wie alle menschlichen Wesen mir ebenso lieb sein müssen wie meine eigenen Eltern.

Gott hat tausend Namen; man kann auch sagen: Er ist namenlos. Beten wir zu Ihm, welchen Namen wir Ihm auch geben mögen: Rama, Krishna, Rahim oder Gott. Er, der allmächtig und allwissend ist, wird auf unsere tiefsten Gefühle antworten.

Es gibt viele Wohnungen im Hause Gottes und sie sind uns alle gleich heilig.

Moral

Die Religion sollte in allen unseren Handlungen gegenwärtig sein. Nicht die Religion im sektiererischen Sinne, sondern der Glaube an eine vom Universum befohlene moralische Ordnung – eine Ordnung, die, auch wenn sie unsichtbar ist, nicht weniger real ist. Eine derartige Religion transzendiert den Hinduismus, den Islam oder das Christentum: Ohne sie zu verdrängen, bringt sie sie zur Harmonie und bekräftigt ihre Wahrheit.

Eine Religion, die nicht den praktischen Problemen des Lebens Rechnung trägt und nicht dazu beiträgt, sie zu lösen, ist keine Religion.

Kein Mensch kann ohne Religion leben.

Einige Menschen glauben, in der Egozentrik ihrer Vernunft sagen zu können, sie wüssten mit der Religion nichts anzufangen. Das ist etwa so, als wolle ein Mensch sagen, er atme, ohne jedoch eine Nase zu haben. Tatsächlich erkennt der Mensch jedoch an, sei es aus Vernunft, Instinkt oder Aberglaube, dass er eine Beziehung zum Göttlichen hat.

Selbst der verhärtetste Agnostiker oder Atheist gibt die Notwendigkeit eines moralischen Prinzips zu und freut sich über dessen Einhaltung. Das ist eine Freude, die keineswegs irdisch ist, entsteht sie doch aus einer Verbindung mit dem Göttlichen.

Wir sollten jede religiöse Doktrin ablehnen, die sich nicht mit der Vernunft verträgt und im Konflikt mit der Moral steht. Wir sollten jedoch ein unvernünftiges religiöses Gefühl dulden, solange es nicht unmoralisch ist.

Sobald man den Bezug zur Moral verliert, hört man auf, religiös zu sein.

Die Religion könnte nie den Sieg über die Moral davontragen. Ein betrügerischer Mensch, der grausam und unfähig ist, keusch zu bleiben, könnte beispielsweise nie behaupten, Gott auf seiner Seite zu haben.

Jede Handlung eines religiösen Menschen muss aus seiner Religion abgeleitet werden. Denn religiös sein bedeutet an Gott gebunden sein. Anders ausgedrückt: Gott regelt jeden unserer Atemzüge.

Viele Menschen glauben, Religion spreche sich stets gegen materielles Wohlergehen aus. Und viele umsichtige Leute sagen: »In geschäftlichen Angelegenheiten ist kein Platz für die Religion. Die Religion ist einzig für das Streben nach dem Seelenheil da.« Meiner Ansicht nach ist dies ein Irrtum, welchen die *Gîtâ* der Hindus korrigiert hat, denn sie zieht keine Trennungslinie zwischen der Suche nach dem Seelenheil und den Geschäften der Welt. Sie zeigt im Gegenteil, dass die Religion bis in die profansten Dinge hinein wirken muss.

Was im täglichen Leben nicht praktikabel ist, kann man nicht Religion nennen.

Sich aller Handlungen enthalten, die man nur mit Anhaftung verwirklichen kann – das ist eine goldene Regel, die geeignet ist, dem Menschen eine Menge Gefahren zu ersparen.

Mord, Lügen oder lockere Sitten – alle Handlungen, die man ausschließlich mit dem Ziel ausführt, ihr Ergebnis zu genießen – muss man als sündig und damit als untersagt ansehen. Das Leben wird dann sehr einfach und aus dieser Einfachheit kann Frieden entstehen.

Haltet euch an die Grundsätze der Wahrheit (*satya*) und der Gewaltlosigkeit (*ahimsa*). Wenn es kein Verlangen nach den Früchten des Handelns mehr gibt, dann besteht auch nicht die Versuchung, zu lügen oder zu töten. Umgekehrt wird, wenn man die Beweggründe für Lüge oder Gewalt erforscht, stets deutlich werden, dass an ihrer Wurzel das Verlangen stand, ein begehrtes Ergebnis zu erreichen.

Was für den einen dem Recht entspricht, das kann für den anderen gegen das Recht sein. Was zu dieser Zeit und an diesem Ort zulässig ist, kann zu einer anderen Zeit und an einem anderen Ort unzulässig sein. Das gilt auch für das Opfern, das sich in den der *Gîtâ* vorausgegangenen Zeitaltern auf ein Tieropfer bezog, in der *Gîtâ* jedoch einen anderen Sinn erhielt: Hier bedeutet es in erster Linie Konzentration auf Gott, manchmal auch tätiges Dienen, jedoch niemals Tieropfer. Das einzige universale Verbot bezieht sich auf das Anhalten an den Früchten des Handelns.

Ohne Verlangen zu sein ist unabdingbar – darin sind sich alle Lehren einig. Immerhin steht es dem Menschen auf der Suche nach Seelenheil frei, aus dem Reichtum vernünftiger Formeln die Kraft zu schöpfen, um in seinem eigenen Leben die zentrale Lehre der *Gîtâ* anzuwenden.

Die Moral ist Grundlage von allem und die Wahrheit ist die eigentliche Substanz jeglicher Moral. So ist die Wahrheit denn auch zu meinem einzigen Ziel geworden, einem Ziel, das unaufhörlich an Bedeutung gewinnt.

Das Gebot »Vergelte Böses mit Gutem« ist zum leitenden Grundsatz meines Lebens geworden. Dieses Gebot, das mir in einem Lied meiner Muttersprache, dem Gujarati, eingeprägt wurde, hat mich mit solcher Leidenschaft erfüllt, dass ich es zum Gegenstand zahlreicher Erfahrungen gemacht habe.

Der Mensch ist dazu bestimmt, seine Gewohnheiten zu beherrschen, das Böse in sich zu überwinden und dem Guten seinen rechten Platz zurückzugeben. Wenn die Religion diese Errungenschaften nicht lehrt, dann hat sie gar nichts zu lehren. Aber es gibt in diesem Bereich keinen Königsweg. Die Feigheit ist hier das größte der Laster, denn sie stammt aus einem Mangel des Glaubens an Gott.

Oft verwechseln wir spirituelle Erkenntnis mit spiritueller Verwirklichung. »Spiritualität« bedeutet aber nicht nur »Studium der Texte« und »philosophische Diskussion«. Sie erfordert zuerst eine Kultur des Herzens, eine gewaltige Kraft, eine makellose Unerschütterlichkeit. Feiglinge können keiner Moral Genüge tun.

Mut ist für die Entwicklung der anderen edlen Eigenschaften unentbehrlich. Denn wie könnte man ohne Mut die Wahrheit suchen oder die Liebe würdigen?

Mut haben heißt frei sein von jeglicher äußeren Furcht: Furcht vor Krankheit, Verletzung oder dem Tod, vor Beraubung, dem Verlust eines geliebten Menschen oder des eigenen Ansehens, Furcht, jemanden zu beleidigen ...

Wer die Angst vor dem Tode besiegt, der überwindet damit nicht unbedingt die anderen Ängste – im Gegensatz zu dem, was man zu glauben neigt. Einige unter uns haben keine Angst vor dem Tod, fliehen jedoch die geringsten Unannehmlichkeiten des Lebens.

Der Wahrheitssucher muss all seine Ängste überwinden. Er muss bereit sein, all seine Habe der Suche nach der Wahrheit zu opfern. Er darf nicht von dem Weg abweichen, der sich ihm öffnet, nur weil er die Missbilligung der anderen fürchtet.

Vollkommenheit des Mutes kann nur von jemandem erreicht werden, der in sich selbst das Höchste Wesen erkannt hat, denn das bedeutet, dass er von allen Illusionen frei ist. Durch beständiges und entschlossenes Bemühen und durch Entwicklung der eigenen Persönlichkeit kann man diesem Ziel Schritt für Schritt näher kommen.

Wir müssen unsere äußeren Ängste aufgeben, doch stets unsere inneren Feinde stets fürchten: animalische Leidenschaft, Wut und ähnliche Dinge. Denn die äußeren Ängste verschwinden von selbst, sobald man die Verräter im eigenen Inneren besiegt hat.

Keuschheit entwickelt sich nicht wie in einem Gewächshaus: Es gibt keinen Schleier, der sie schützen könnte. Sie muss aus dem Inneren wachsen und, um Geltung zu besitzen, jeder unvorhergesehenen Versuchung widerstehen.

Unsere Ängste drehen sich alles in allem um einen zentralen Punkt, unseren Körper. Sie werden also in dem Augenblick verschwinden, in dem wir uns von unserer Anhaftung am Körper befreit haben.

Frauen müssen begreifen, dass sie frei sind. Sobald sie es lernen, zu ihren Ehemännern Nein zu sagen, wenn diese sich ihnen mit fleischlichem Begehren nähern, wird es in Indien das Problem der Empfängnisverhütung nicht mehr geben. Es handelt sich vor allem um ein Erziehungsproblem: Die Frauen müssen lernen, ihr Recht auf Widerstand wahrzunehmen.

Unsere äußeren Ängste sind nur das trügerische Gewebe unserer eigenen Sichtweise. Wir können uns von ihnen befreien, wenn wir unsere Anhänglichkeit an Reichtum, die Familie und den Körper zerschlagen.

Genieße die materiellen Güter dieser Welt, indem du auf sie verzichtest, so lautet eine edle Regel. Reichtum, Familie, der Körper – alle diese Dinge sind doch immer nur etwas Erworbenes. Wir müssen allein unser Verhalten ihnen gegenüber ändern, denn sie gehören nicht uns, sie gehören Gott.

Nichts in dieser Welt gehört uns. Wir selbst gehören Ihm. Warum also sollten wir uns mit allen möglichen Ängsten befrachten? Wir können durchaus für unsere Güter sorgen, jedoch nicht als Besitzer, sondern als Verwalter. Wenn wir also aufhören, uns als Herren aufzuführen, um nicht mehr als nur Diener zu sein – demütiger als der Staub unter unseren Füßen –, dann werden sich all unsere Ängste verflüchtigen wie Nebel, der sich auflöst. Wir werden einen unaussprechlichen Frieden erreichen und den Gott der Wahrheit von Angesicht zu Angesicht sehen.

Das Gelübde der Armut (das ich »Besitzlosigkeit« nenne) ist im Wesentlichen eins mit dem Gelübde, sich jedes Diebstahls zu enthalten.

Besitzen wir einen Gegenstand, den wir nicht wirklich benötigen, dann ist dieser Gegenstand als gestohlen anzusehen, auch wenn er ursprünglich nicht jemand anderem gestohlen wurde.

Entsagung

Der beste Weg, um Selbstverwirklichung zu erreichen, wird in den verschiedenen heiligen Schriften des Hinduismus dargestellt. Und auf die Gefahr hin, mich zu wiederholen: Am präzisesten wird er in der *Bhagavad-Gîtâ* beschrieben, jenem Gesang, der ein wesentlicher Bestandteil der großen epischen Dichtung der Hindus, des *Mahâbhârata*, ist. Dieser Weg, dieses Heilmittel ohne gleichen, ist der Verzicht auf die Früchte des Handelns.

In jedem Zeitalter erhalten wichtige Begriffe erweiterte und erneuerte Bedeutungen. Das gilt auch für das Wort »Entsagung« (*sannyasa*), das in den der *Gîtâ* vorausgegangenen Zeitaltern bedeutete, auf jegliches Opfern zu verzichten – es bezog sich somit auf eine Aktivität. In der *Gîtâ* steht der Begriff »Entsagung« nicht mehr für einen völligen Verzicht auf Aktivität: Er meint hier Arbeit und keine Arbeit zugleich. Mit der Erweiterung des Wortsinns hat der Dichter uns gelehrt, ihn nachzuahmen.

Entsagung: Das ist die Sonne, um die sich die Frömmigkeit, die Erkenntnis und alles Übrige wie Planeten drehen.

Wahres Glück stellt sich ein, wenn es einem Menschen Vergnügen bereitet, seine Bedürfnisse so weit wie möglich einzuschränken, wie die in Indien häufig anzutreffenden Menschen, die täglich zu Fuß fünfzehn bis zwanzig Kilometer laufen und nur ein wenig Mehl, eine Prise Salz und Gewürze sowie einen kleinen Napf und einen Bindfaden zum Wasserziehen in einem Tuch mit sich tragen. Es ist nicht der Geschmack des Brots, der ihnen Appetit macht, sondern dass sie den Teig täglich selbst auf einem Reisigfeuer rösten, nachdem sie die Zutaten in ihrem Tuch gemischt haben. Diese Menschen haben eine zufriedene Seele und strahlen Frieden aus. Sie haben Gott als Begleiter.

~

Wer Reichtümer begehrt, der kann sie, auf die eine oder andere Weise, nur durch Ausbeutung anderer erlangen: Gott ist nicht sein Gefährte. Nur wer sich mit wenigem begnügt, findet das wahre Glück und die Gesellschaft Gottes.

~

Der Körper ist ein Gefängnis. Denn wo es einen Körper gibt, da muss es auch Handeln geben. Kein Wesen, das einen Körper besitzt, entgeht dem Leiden. Und dennoch verkünden alle Religionen, es sei dem Menschen möglich, die Freiheit zu erlangen, indem er den Körper wie den Tempel Gottes behandelt.

~

Da jegliches Handeln, sei es noch so gering, mit Sünde befleckt ist – wie kann man da den Körper zum Tempel Gottes machen? Anders gesagt: Wie kann man sich vom Handeln, das heißt den Konsequenzen der Sünde befreien? Die *Gîtâ* antwortet ohne Zweideutigkeit: »Durch Handeln ohne Verlangen; durch den Verzicht auf die Früchte des Handelns; indem man alle seine Handlungen Gott weiht, was bedeutet, dass man Ihm Körper und Seele überlässt.«

Zur Freiheit von Verlangen oder zur Entsagung gelangt man nicht durch eine einfache intellektuelle Leistung, sondern nur durch eine ständige Bemühung des Herzens.

Gewiss, das rechte Wissen ist notwendig, um zur Entsagung zu gelangen. Aber gelehrte Menschen mögen die *Vedas* noch so gut auswendig rezitieren können – das wird sie nicht daran hindern, sich alles zu erlauben. Deshalb muss Frömmigkeit die erste Stelle einnehmen. Sie begleitet die Erkenntnis und hindert sie daran, sich zu entfesseln und ins Böse zu verkehren.

Der echte Fromme ist auf niemanden eifersüchtig. Er ist ohne Egoismus und voller Mitgefühl. Er akzeptiert auf gleiche Weise Wärme und Kälte, Glück und Unglück. Er ist stets zu vergeben bereit, stets mit seinem Schicksal zufrieden, steht fest zu seinem Entschluss; er hat Geist und Seele Gott geweiht. Er ist frei von jeglicher Übertreibung, Traurigkeit oder Furcht und bleibt stets rein. Er ist fähig zu handeln, lässt sich aber nicht davon beeinflussen und verzichtet auf dessen Früchte, seien sie gut oder schlecht.

Der wahre Fromme behandelt Freunde und Gegner gleich. Er bläht sich nicht auf vor Stolz, wenn er gelobt wird, und lässt sich von Verleumdungen nicht deprimieren. Er liebt das Schweigen und die Einsamkeit und hat es gelernt, den Verstand zu disziplinieren. Eine solche Frömmigkeit ist unvereinbar mit dem Aufrechterhalten irgendeiner starken Bindung.

Um wahrhaft Segen bringend zu sein, müssen Wissen und Frömmigkeit der Bewährungsprobe des Verzichts auf die Früchte des Handelns unterzogen werden. Das bloße Wissen um Gut und Böse bringt uns im Gegensatz zum allgemeinen Verständnis – welches die Gelehrsamkeit eines Meisters oder die Frömmigkeit eines Gläubigen an ihrer Weigerung misst, Dienst zu leisten – nicht das Seelenheil.

Jede mentale oder physische Handlung schafft eine Bindung. Wahr ist auch, dass alle lebenden Geschöpfe irgendeine Aufgabe zu erfüllen haben, ob sie es wollen oder nicht. Wie jedoch kann man frei von der Anhaftung sein, die durch Handeln entsteht, wenn man sich dem Handeln nicht entziehen kann? Die Art, wie die *Gîtâ* dieses Problem gelöst hat, ist meines Wissens einzigartig. Sie sagt: »Erledige die Aufgabe, die dir anvertraut wurde, verzichte jedoch auf ihre Früchte. Sei losgelöst und arbeite; nähre kein Verlangen nach einer Belohnung und arbeite.«

Wer sich des Handelns enthält, der scheitert. Wer auf den Lohn seines Handelns verzichtet, der erhöht sich.

Der Verzicht auf die Früchte des Handelns bedeutet keineswegs Gleichgültigkeit gegenüber seinen Ergebnissen. Bei jeder Handlung muss man um das erwartete Ergebnis, die angewandten Mittel und nötigen Fähigkeiten, es zu erreichen, wissen. Von demjenigen, der in dieser Geisteshaltung vollkommen in der Erfüllung der festgesetzten Aufgabe aufgeht, dabei jedoch frei ist von jedem Verlangen nach dem Ergebnis, wird man sagen: »Er hat auf die Früchte seines Handelns verzichtet.«

Man soll nicht meinen, Entsagung bedeute, dass es für den, der Verzicht übt, keine Frucht des Handelns gibt. Was die *Gîtâ* von ihm fordert, ist, dass er nicht nach dieser Frucht verlangt. Tatsächlich wird der, der entsagt, hundertfach ernten.

Die Entsagung ist der entscheidende Beweis des Glaubens. Denn wer seine Zeit damit verbringt, an das Ergebnis zu denken, verliert bei der Erfüllung seiner Pflicht oft die Besonnenheit. Er wird ungeduldig, wütend und greift zu wenig respektablen Mitteln. Indem er von einer Handlung zur anderen springt, widmet er sich keiner davon wirklich. Er ist wie ein Mensch, der sich ganz den Objekten seiner Sinne hingibt: Immer zerstreut, lässt er alle Bedenken beiseite, und weil sich in seinen Augen alles lohnt, kann er sich aller Mittel bedienen, um seine Ziele zu erreichen, seien sie ehrenhaft oder nicht.

Das Gebot der Bergpredigt im Neuen Testament der Christen, »Wer dich auf die eine Backe schlägt, dem halte auch die andere hin«, hat mir über die *Gîtâ* der Hindus hinaus bestätigt, dass Entsagung die höchste Form von Religion ist.

Was ich erreichen möchte – und worum ich mich während all dieser Jahre bemüht habe –, ist die Selbstverwirklichung: Gott von Angesicht zu Angesicht sehen, die Befreiung (*moksha*) erlangen. Ich lebe, existiere und handle nur für dieses Ziel. Alles, was ich in Wort und Schrift tue, alle meine Interventionen im Bereich der Politik, all das hat dieselbe Zielsetzung.

Gewaltlosigkeit

Vollkommene Entsagung ist unmöglich ohne strikte Befolgung des Prinzips der Gewaltlosigkeit in all ihren Formen.

Für den Dichter der *Gîtâ* und seine Zuhörer gab es keinen Widerspruch zwischen Krieg und Gewaltlosigkeit. Übrigens bedeutet im Sanskrit *ahimsa* genau genommen »Abwesenheit des Verlangens zu töten«. Die geistige Kraft einer großartigen Dichtung ist grenzenlos und übertrifft sogar die Intentionen des Dichters.

Gewaltlosigkeit ist eine aktive Kraft höchster Ordnung. Sie ist die spirituelle Kraft, die Macht Gottes in uns. Wir haben an der Göttlichkeit in dem Maße teil, in dem wir die Gewaltlosigkeit verwirklichen.

Wenn das Gesetz der Gewaltlosigkeit unser Gesetz ist, dann hat es für alle Gültigkeit, auch wenn es wahr ist, dass einzig diejenigen, die das Gelübde der Besitzlosigkeit und der Keuschheit abgelegt haben, die Suche vorantreiben und immer wieder neue Formen dieses Gesetzes entdecken können. Deshalb setze ich mich seit einem halben Jahrhundert für ein bewusstes Akzeptieren und Praktizieren der Gewaltlosigkeit ein, trotz aller Rückschläge. Es war ein halbes Jahrhundert der Arbeit, das übrigens wunderbare Ergebnisse geliefert und meinen Glauben gefestigt hat.

Seid nicht beunruhigt, weil die Methode der Gewaltlosigkeit ein äußerst langsamer Prozess zu sein scheint. In Wirklichkeit ist sie die schnellste Methode, denn sie ist die sicherste.

Will man die Methode der Gewaltlosigkeit richtig anwenden, muss man an die Möglichkeit glauben, dass jeder Mensch, auch der verkommenste, durch eine humane und kompetente Behandlung rehabilitiert werden kann.

Bestrafung, selbst des Mörders, Diebes oder Straßenräubers, widerspricht meiner Überzeugung.

Wer sich zur Gewaltlosigkeit bekennt, der darf keinerlei Zorn gegenüber jemandem empfinden, der ihm Unrecht zugefügt hat. Man darf diesem Menschen nichts Schlechtes wünschen, ihn nicht beleidigen und noch weniger physisch angreifen: Man soll ihm vielmehr ein glückliches Geschick wünschen und in jedem Fall all das Unrecht erdulden, das er uns noch zufügen kann. Denn Gewaltlosigkeit impliziert totale Unschuld.

Voraussetzung der Gewaltlosigkeit ist das vollständige Fehlen bösen Willens gegenüber allem, was lebt, selbst gegenüber niederen Lebensformen wie Insekten oder wilden Tieren. Denn diese Lebewesen wurden nicht geschaffen, um unsere zerstörerischen Neigungen zu fördern. Würden wir nur den Willen des Schöpfers kennen, dann wüssten wir um den ihnen zugedachten Platz in der Schöpfung.

Gewaltlosigkeit ist ein Zustand der Vollkommenheit. Sie ist ein Ziel, auf das die ganze Menschheit sich zubewegt, wenn auch unbewusst.

Wenn es einem Menschen gelingt, den Zustand der völligen Unschuld zu erreichen, dann wird er damit nicht etwa göttlich. Im Gegenteil: Erst dadurch wird er wirklich zum Menschen.

In unserem gegenwärtigen Zustand, halb Mensch, halb Tier, lässt unsere arrogante Unwissenheit uns glauben, dass wir tatsächlich den Plan unseres Lebens erfüllen, wenn wir Schläge mit Schlägen vergelten, wenn wir also den dazu erforderlichen Zorn entwickeln. Wir geben vor zu wissen, dass Vergeltung das Gesetz unserer Spezies ausmacht, während alle heiligen Schriften darauf hinweisen, dass Vergeltung niemals Pflicht ist, sondern höchstens unter gewissen Bedingungen erlaubt ist. In der Tat gilt stets die Enthaltsamkeit als erste Pflicht.

Wenn es einem nicht gelingt, sich jeglicher Vergeltung zu enthalten, muss man entsprechende Regeln dafür finden. Denn Enthaltsamkeit ist das Gesetz unserer Spezies. Und Vollkommenheit ist ohne größte Enthaltsamkeit unerreichbar. Die Fähigkeit zu leiden ist das Kennzeichen der Würde des Menschen.

Blicken wir auf unsere Geschichte zurück, soweit wir sie kennen, dann stellen wir fest, dass der Mensch sich beständig auf die Gewaltlosigkeit zubewegt hat. Vom Kannibalismus zur Jagd und Landwirtschaft; vom Nomadentum zur Zivilisation der Dörfer und Städte; von der Familie zur Gemeinschaft und zur Nation. All das sind Anzeichen eines Rückgangs der Gewalt und eines Fortschritts in Richtung Gewaltlosigkeit. Wäre dem nicht so gewesen, dann wäre die Spezies Mensch heute bereits ausgelöscht, so wie viele andere der niederen Arten.

Glauben wir wirklich, dass die Menschheit im Laufe ihrer bisherigen Geschichte ständig Fortschritte in Richtung auf die Gewaltlosigkeit gemacht hat, dann muss sie diesen Fortschritt bewahren und noch perfektionieren. Denn nichts auf dieser Welt ist statisch: Alles ist in Bewegung. Ohne Fortschritt kommt es unweigerlich zu Rückschritten. Diesem ewigen Zyklus kann niemand entkommen, es sei denn, er wäre Gott selbst.

Die Propheten und göttlichen Inkarnationen der verschiedenen Religionen haben alle mehr oder weniger dazu beigetragen, Gewaltlosigkeit zu lehren. Jedenfalls hat sich keiner von ihnen zur Gewalt bekannt.

Gewalt braucht keineswegs gelehrt zu werden, denn als animalisches Wesen ist der Mensch gewalttätig. Sobald jedoch der Geist in ihm erwacht, kann er nicht gewalttätig bleiben. Will er nicht ins Verderben rennen, dann muss er in Richtung Gewaltlosigkeit voranschreiten. Deshalb haben die Propheten und die göttlichen Inkarnationen die Lektionen von Wahrheit, Harmonie, Brüderlichkeit und Gerechtigkeit gelehrt – alles notwendige Eigenschaften der Gewaltlosigkeit.

In einer Epoche, in der man beobachtet, wie Dinge Wirklichkeit werden, von denen man niemals geträumt hätte, wird mit jedem neuen Tag das Unmögliche möglich. Und wenn es auch so ist, dass wir nicht aufhören können, über all die außergewöhnlichen Entdeckungen zu staunen, die im Bereich der Gewalt gemacht werden, ist es noch gewisser, dass vermeintlich unmögliche Entdeckungen im Bereich der Gewaltlosigkeit zu machen sind.

Ich bin ein unverbesserlicher Optimist. Mein Optimismus beruht auf dem Glauben an die unbegrenzte Fähigkeit des einzelnen Menschen, Gewaltlosigkeit zu entwickeln. Denn je mehr du sie in dir entwickelst, desto ansteckender wird sie, bis sie sich zunächst deiner Umgebung und dann schrittweise der ganzen Welt bemächtigt.

Nichts auf dieser Welt geschieht, ohne dass gehandelt wird. In diesem Sinne finde ich den Ausdruck »passiver Widerstand« ungeeignet zur Beschreibung der Gewaltlosigkeit, denn dieser Begriff verweist eher auf eine ziemlich schwächliche Waffe hin.

Gewaltlosigkeit bedeutet keineswegs Ablehnung jeglicher Konfrontation mit dem Bösen. Sie ist meiner Auffassung nach im Gegenteil eine Form eines sehr aktiven Kampfes – echter als der gewalttätige Gegenschlag, dessen Wesen im Grunde die Vermehrung der Boshaftigkeit ist.

Die von mir ins Auge gefasste Opposition gegen Sittenlosigkeit ist geistig und moralisch. Es geht darum, das Schwert des Tyrannen vollständig stumpf zu machen – nicht indem man ihm mit einer noch schärferen Klinge entgegentritt, sondern indem ich seine Erwartung eines physischen Widerstands von meiner Seite enttäusche. Er weiß einfach nicht, was er von dem spirituellen Widerstand, mit dem ich ihm begegne, halten soll. Schließlich wird er verwirrt die Kraft anerkennen müssen, mit der er es zu tun hat: eine Erkenntnis, die ihn nicht demütigen, sondern im Gegenteil erhöhen wird.

Praktizierte Gewaltlosigkeit bedeutet, Leiden auf sich zu nehmen. Sie bedeutet nicht, dass man sich dem Willen des Bösen demütig unterwirft, sondern sich mit ganzer Seele dem Willen des Tyrannen widersetzt. Ein einzelnes Individuum kann die Macht eines ganzen ungerechten Imperiums herausfordern, wenn es dieses Gesetz unserer Gattung in die Tat umsetzt. Es kann auf diese Weise seine Ehre, seine Religion und seine Seele retten und den Fall oder die Regeneration eines Imperiums vorbereiten.

Das Prinzip der Gewaltlosigkeit, an das ich glaube, ist eine äußerst aktive Kraft. Da ist kein Platz für Feigheit oder Schwäche. Der gewalttätige Mensch kann hoffen, eines Tages gewaltlos zu werden, doch gewiss nicht der Feigling. Deshalb habe ich stets gesagt: Wenn wir es nicht verstehen, uns, unsere Frauen und unsere Kultstätten mit der Kraft des Leidens zu verteidigen – das heißt durch Gewaltlosigkeit –, dann müssen wir zumindest fähig sein, uns kämpfend zu verteidigen, es sei denn wir sind Feiglinge und nicht Menschen.

Gewaltlosigkeit und Feigheit passen schwer zusammen. Denn so wie der Besitz von Waffen ein Element der Furcht, wenn nicht der Feigheit, impliziert, lässt sich wahre Gewaltlosigkeit nicht ohne totales Fehlen von Angst verstehen.

Kraft beruht nicht auf einer physischen Fähigkeit, sondern auf einem unzähmbaren Willen. Deshalb kann eine kleine Gruppe fest entschlossener, mit unendlichem Glauben an ihre Mission ausgestatteter Geister den Lauf der Geschichte verändern.

Wer sich der Gewaltlosigkeit verschreibt, der muss die Bereitschaft zu Opfern höchster Ordnung kultivieren, um sich von der Furcht zu befreien. Er sorgt sich nicht darum, sein

Land, sein Vermögen, sein Leben zu verlieren. Er kennt nur eine Furcht, die vor Gott. Denn wer nicht seine ganze Furcht überwunden hat, der wird die Gewaltlosigkeit niemals in Vollkommenheit praktizieren können.

Tragen wir die Furcht vor Gott in uns, dann hören wir auf, die Menschen zu fürchten.

Wer gewaltloses Handeln praktiziert, verabschiedet sich von der Furcht. Er fürchtet nicht mehr, dem Gegner zu vertrauen. Selbst wenn dieser Gegner ihn zwanzigmal täuscht, ist der Gewaltlose (*satyagrahi*) bereit, ihm ein einundzwanzigstes Mal zu vertrauen. Denn ein der menschlichen Natur angeborenes Vertrauen ist der eigentliche Kern des Glaubens des Gewaltlosen.

Jeden Morgen sollte unsere erste Handlung darin bestehen, folgenden Entschluss für den Tag zu fassen: »Ich werde niemanden auf dieser Erde fürchten; ich werde nur Gott fürchten. Ich werde niemandem etwas Schlechtes wünschen. Ich werde mich keiner Ungerechtigkeit, von wem auch immer, unterwerfen. Ich werde die Lüge durch die Wahrheit besiegen, und um der Lüge zu widerstehen, werde ich jegliches Leiden akzeptieren.«

Diese innere Stimme, die mich niemals enttäuscht, sagt mir heute: Du musst der ganzen Welt die Stirn bieten, selbst wenn du es allein tun musst, selbst wenn die ganze Welt dich mit blutunterlaufenen Augen anblickt. Hab keine Angst. Verzichte auf die Freunde, auf deine Ehefrau. Doch lege Zeugnis ab für alles, wofür du gelebt hast und wofür du zu sterben bereit bist.

Die Kraft der großen Zahl erfreut nur den Furchtsamen. Wer im Geiste mutig ist, erwirbt sich seinen Ruhm, indem er allein kämpft.

Die größten Männer waren stets allein. Die großen Propheten wie Zoroaster, Buddha, Jesus oder Mohammed waren alle allein. Dank ihres Glaubens an sich selbst und an ihren Gott, dank ihrer Gewissheit, ihren Gott an der Seite zu haben, haben sie sich jedoch nie allein gefühlt.

Ich kenne den Weg: Er ist schmal wie die Schneide eines Schwertes. Ich freue mich, wenn es mir gelingt, ihm zu folgen. Denn Gott sagt uns: »Nur wer versucht, dem Weg zu folgen, wird niemals untergehen.« Ich glaube an dieses Versprechen. Deshalb verliere ich nicht den Glauben, selbst wenn meine Schwäche mich tausendmal scheitern lässt.

Der Gewaltlose (*satyagrahi*) muss wissen, dass man ihm zu Hilfe kommen wird, wenn er es am wenigsten erwartet. Denn so sind die Wege des Göttlichen: Grausam in seiner Güte, stellt es den Gläubigen auf die Probe, indem es von ihm verlangt, durch einen Schmelzofen zu gehen. Es findet Gefallen daran, dem Gläubigen seine Demut, die des Staubes, ins Gedächtnis zu rufen.

Das Leiden ist das Gesetz der Menschen, der Krieg das des Dschungels. Doch ist das angenommene Leiden dem Gesetz des Dschungels unendlich überlegen, denn es allein kann die Ohren des Gegners öffnen und ihn die Stimme der Vernunft hören lassen.

Die Religion der Gewaltlosigkeit besteht darin, dem anderen so viele Fähigkeiten als nur möglich zu schenken, mit dem Risiko der ernstesten Unannehmlichkeiten für einen selbst – bis zum Riskieren des eigenen Lebens.

Wer Gewaltlosigkeit übt, der beabsichtigt niemals, den ungerechten Gegner zu beschämen. Er wünscht nicht, dessen Furcht zu erregen; er appelliert an sein Herz. Ziel des Gewaltlosen ist es, den Bösen zu überzeugen, nicht ihn zu zwingen.

Der Gewaltlose versucht, seinen Gegner allein durch die Kraft seines Charakters und durch sein Leiden zu überzeugen. Je reiner er ist, je mehr er leidet, desto schneller hat er damit Erfolg.

Erstes Ziel jedes militanten Gewaltlosen ist es, den Gegner zu überzeugen, ohne jedoch unbestimmte Zeit zu warten. Wenn die Grenze erreicht scheint, *muss* er Risiken auf sich nehmen und sich in einer aktiven Form der Gewaltlosigkeit, etwa dem zivilen Ungehorsam, engagieren.

Gerade weil die Gewaltlosigkeit eine der mächtigsten Methoden des Handelns ist, darf der sie Praktizierende sie nur als letztes Hilfsmittel einsetzen. Er muss zuerst den Kontakt mit den gesetzlichen Autoritäten suchen und bewahren, an die öffentliche Meinung appellieren und sie schulen, in Ruhe allen, die es hören wollen, seine Position erläutern. Erst wenn man all diese Mittel erschöpft hat, wird man zum eigentlichen gewaltlosen Handeln *(satyagraha)* Zuflucht nehmen. Wer sich jedoch einmal aufgrund des Rufes der inneren Stimme in diese Form des Handelns gestürzt hat, wird niemals mehr umkehren.

Man findet Freude am Kampf, am Bemühen und am Leiden, das der Kampf mit sich bringt, mehr als am Sieg selbst.

Wenn ich, ohne zu zögern, Tausende von Militanten ermutige, ihr Leben im gewaltlosen Kampf zu opfern, dann nicht, weil ich dem Leben keinen Wert beimesse. Es ist deswegen, weil ich weiß, dass sich daraus langfristig so wenig verlorene Leben wie möglich ergeben. Darüber hinaus bedeutet es: Der gewaltlose Kampf ist ein Kampf, der alle adelt, die dabei ihr Leben verlieren und deren Opfer die Welt moralisch bereichert.

Als gewaltlose Aktion zielt der Hungerstreik darauf ab, das Gewissen derjenigen zu wecken, auf die diese Aktion zielt. Keinesfalls handelt es sich darum, irgendeinen Zwang auf sie auszuüben.

Wer sich auf den Hungerstreik einlässt, übt keine schädliche Kraft aus, keinen Zwang – außer auf sich selbst. Auf keinen Fall übt er ihn gegen die Person aus, die er zu beeinflussen sucht. Denn man darf das Leiden, das man sich selbst zufügt, niemals auf die gleiche Ebene mit dem stellen, das man anderen zufügt.

Hungert man, um das Gewissen eines Freundes zu wecken, von dem man mit Bestimmtheit weiß, dass er irrt, dann übt man damit keinen Zwang im eigentlichen Sinne des Wortes aus.

Das spirituelle Fasten ist Teil der Bemühungen um Askese und Enthaltsamkeit; es hat immer eine reinigende Wirkung auf diejenigen, zu deren Gunsten es unternommen wird.

Wie alle menschlichen Institutionen kann auch der Hungerstreik legitim und illegitim eingesetzt werden. Basiert er auf egoistischer Zielsetzung, so bedeutet er nur Zwang und ist damit ungerecht und illegitim. Man muss ihm widerstehen, auch wenn diese Verweigerung zum Tode des Hungernden führen sollte. Nur wenn man den illegitimen Hungerstreik ablehnt, kann man das spirituelle Fasten vor dem Verdacht des Zwanges und der illegitimen Beeinflussung bewahren.

Als eine Hauptwaffe im Waffenarsenal des militanten Gewaltlosen darf man den Hungerstreik nicht unter dem Vorwand ablehnen, er könne auch missbräuchlich angewendet werden. Als effektiver Ersatz für Gewalt erdacht, sind seine Einsatzmöglichkeiten noch nicht gänzlich erforscht und können vervollkommnet werden. Als gedanklicher Begründer der modernen Gewaltlosigkeit kann ich keinesfalls auf eine ihrer vielfachen Anwendungsmöglichkeiten verzichten, ohne gleichzeitig meine Absicht aufzugeben, sie im Geiste demütiger Suche auszuüben.

Die Verweigerung von Kooperation ist Teil meiner Lehre von der Gewaltlosigkeit. Doch ist sie für mich durchaus ein Vorspiel zur Kooperation. Meine Nichtkooperation bezieht sich allein auf Systeme und Methoden, ganz gewiss nicht in Bezug auf Menschen.

Hinter der Nichtkooperation, wie ich sie verstehe, steht immer das Verlangen, bei der kleinsten Gelegenheit zu kooperieren – selbst mit den schlimmsten Gegnern.

Der zivile Ungehorsam ist ein unveräußerliches Recht des Bürgers. Er könnte nicht darauf verzichten, ohne in seiner Menschenwürde angetastet zu werden.

Im Gegensatz zum kriminellen Ungehorsam, den der Staat, wenn er nicht untergehen will, mit Gewalt unterdrücken muss, führt der zivile Ungehorsam niemals zur Anarchie. Ihn zu unterdrücken hieße das Gewissen einsperren.

Ein Kämpfer für den zivilen Ungehorsam stellt sich bewusst außerhalb des Gesetzes, indem er bekräftigt, dass er kein vom Staat erlassenes *unmoralisches* Gesetz befolgen werde. Er ignoriert die Autorität des Staates, indem er sich beispielsweise weigert, Steuern zu zahlen, oder indem er die Gesetze verletzt, die die Freiheit der Bewegung auf öffentlichen Plätzen regeln – wenn er vielleicht zu Soldaten in einer Kaserne spricht – oder in privaten Einrichtungen, etwa wenn es gilt, eine Streikpostenkette zu bilden. Doch wendet er in allen diesen Fällen niemals Gewalt an und widersetzt sich niemals den gegen ihn eingesetzten Kräften.

Der zivile Ungehorsam ist die reinste Form verfassungsmäßiger Agitation. Es versteht sich von selbst, dass er entwürdigend und verachtenswert wird, wenn sein ziviler, das heißt gewaltloser Charakter sich mehr als simple Tarnung denn als prinzipielle Einstellung erweist.

Um wahrhaft zivil zu sein, muss der Ungehorsam aufrichtig und respektvoll sein. Er darf nicht arrogant sein und muss sich selbst auf der Basis eines wohlverstandenen Prinzips beherrschen. Er darf nicht launenhaft sein und weder Groll noch Hass verbergen.

Der zivile Widerstand ist die Widerstandsform, die die geringste Zahl von Soldaten erfordert. Denn ein einziger Widerstandskämpfer, vorausgesetzt er ist vollkommen zivil, genügt, um die Schlacht des Guten gegen das Böse zu gewinnen.

Ich behaupte nicht, ein Visionär zu sein. Ich betrachte mich vor allem als praktischen Idealisten.

Die Religion der Gewaltlosigkeit gilt nicht nur für die Heiligen und Weisen. Sie ist für jeden Menschen bestimmt. Denn die Gewaltlosigkeit ist das Gesetz der menschlichen Spezies, ebenso wie die Gewalt das Gesetz der wilden Tiere ist.

Die Menschenwürde verpflichtet uns, einem höheren Gesetz als dem der physischen Gewalt zu folgen – nämlich der Kraft des Geistes. Deshalb habe ich es gewagt, Indien an das uralte Gesetz der Selbstopferung zu erinnern. Denn die Gewaltlosigkeit und ihre Varianten der Nichtkooperation und des zivilen Ungehorsams sind nichts als neue Namen für das Gesetz des Leidens.

Unsere Weisen, die im Altertum das Gesetz der Gewaltlosigkeit in einer Welt der Gewalt entdeckten, waren größere Genies als Newton. Sie waren auch Wellington als Krieger überlegen. Denn obwohl sie durchaus mit der Handhabung von Waffen vertraut waren, sind sie sich deren Nutzlosigkeit bewusst geworden und haben eine kriegsmüde Welt gelehrt, dass der Weg zum Seelenheil in der Gewaltlosigkeit und nicht in der Gewalt liegt.

Indien muss Gewaltlosigkeit praktizieren, nicht weil das Land schwach ist, sondern weil es sich seiner Kraft bewusst ist. Es hat eine Mission in der Welt und darf nicht Europa blind nachahmen. Würde es sich der Anwendung bewaffneter Gewalt anschließen, dann würde es aufhören, mein ganzer Stolz zu sein, und ich würde das als mein persönliches Scheitern ansehen.

Mein Leben ist dem Dienst an Indien geweiht, und zwar durch Ausübung der Religion der Gewaltlosigkeit, die die Wurzel des Hinduismus ist. Doch hat meine Religion keine geografischen Grenzen. Wenn mein Glaube an sie so lebendig ist, dann wird sie meine Liebe zu Indien selbst transzendieren.

Als überzeugter Pazifist habe ich niemals die verschiedenen Gelegenheiten genutzt, mich im Gebrauch von Waffen unterweisen zu lassen, und konnte es auf diese Weise vermeiden, Menschen direkt töten zu müssen. Da ich nun einmal in einem auf Gewalt beruhenden politischen System lebe, dessen mir gewährte Dienstleistungen und Rechte ich gern in Anspruch genommen habe, konnte ich nicht anders, als dieser Regierung in Zeiten des Krieges im Rahmen meiner Fähigkeiten zu helfen (als Sanitäter). Hätte ich damals nicht kooperiert, dann hätte ich auch auf die mir garantierten Rechte verzichten müssen.

Hätten wir eine nationale Regierung, dann wäre die Gewaltlosigkeit nicht weniger notwendig. Ich würde ganz gewiss darauf bestehen, nicht direkt an einem Krieg teilnehmen zu müssen, kann mir jedoch Umstände vorstellen, unter denen es meine Pflicht wäre, für die Einführung militärischer Einrichtungen zu stimmen, für diejenigen, die sie wünschen. Denn ich weiß sehr wohl, dass die Mitglieder einer solchen Gesellschaft nicht so stark im Glauben an Gewaltlosigkeit verwurzelt wären wie ich. Und selbstverständlich kann man weder eine Person noch eine Gesellschaft zwingen, Gewaltlosigkeit zu praktizieren.

Als Angehöriger einer Gemeinschaft, die an Gewaltlosigkeit glaubt und einige Morgen Land bebaut, muss ich entscheiden, wie ich die Ernte vor den von Affen angerichteten Schäden bewahren kann. Da ich der Gewaltlosigkeit mein ganzes Leben geweiht habe, kann ich nicht umhin, jede den Affen zugefügte Verletzung als Widerspruch gegen das Gesetz der Gewaltlosigkeit anzusehen. Um die Ernten zu retten, kann ich jedoch nicht zögern, die Affen anzugreifen, denn ohne Landwirtschaft würde es keine Gesellschaft geben – also auch nicht ohne das Töten einiger Lebewesen. Ich beteilige mich also – mit Angst und Schuldgefühlen – an dem Bösen, das den Affen zugefügt wird, in der Hoffnung, eines Tages diesem furchtbaren Dilemma entfliehen zu können.

Die weltweite Produktion von Waffen muss ebenso begrenzt werden wie die von Opium. Denn Waffen sind wahrscheinlich für viel mehr Unglück in der Welt verantwortlich als Opium.

Weder für die Verbündeten der Vereinten Nationen noch für die Welt wird es Frieden geben, solange sie nicht den irreführenden Glauben an die Wirksamkeit des Krieges aufgeben. Ein wahrhafter Friede kann nur auf der Grundlage der Freiheit und Gleichheit aller Hautfarben und Nationen geschaffen werden.

Triebfeder aller Handlungen eines Streiters für die Gewaltlosigkeit ist das Mitgefühl. Er muss alles tun, um die Vernichtung auch der winzigsten Geschöpfe zu vermeiden und sie zu retten. Deshalb bemüht er sich unaufhörlich, sich nicht in die tödliche Umarmung des Verlangens nach Gewalt zu begeben. Doch selbst wenn er sich immer besser selbst beherrscht und immer größeres Mitgefühl entwickelt, muss er wissen, dass er sich niemals vollständig von jeglicher Aggressivität wird befreien können.

Leben auszulöschen kann eine Pflicht sein. Zerstören wir nicht täglich so viele Leben wie notwendig, um unseren Körper zu erhalten? Um uns zu ernähren, töten wir Leben, pflanzliches oder anderes. Der Gesundheit wegen vernichten wir die Mücken und andere Insekten durch Pestizide. Und machen wir es uns nicht zur Pflicht, die wilden Tiere zu töten, um das Leben der Dorfbewohner zu schützen, für die sie eine Gefahr darstellen?

Niemals zu töten kann keine absolute Pflicht sein. Denn was einen Akt der Gewalt erst mit Schuld belädt, ist vor allem die egoistische Absicht, wohingegen das Prinzip der Gewaltlosigkeit auf dem Vergessen des Selbst beruht.

Der Arzt, der eine bittere Arznei verschreibt, bewirkt ein Leiden, aber er tut uns keine Gewalt an. Im Gegenteil: Unterlässt er es, diese Arznei zu verschreiben, obwohl sie für die Heilung unentbehrlich ist, dann versagt er in seiner Pflicht zur Gewaltlosigkeit.

Erstens: Es ist unmöglich, seinen Körper am Leben zu halten, ohne in gewissen Grenzen andere Körper zu zerstören. Zweitens: Wir alle müssen Leben vernichten, a) um unseren eigenen Körper zu erhalten; b) um diejenigen zu beschützen, für die wir Verantwortung tragen; c) manchmal selbst zum Schutz derjenigen, denen wir das Leben nehmen. Drittens: a) und b) stellen eine unvermeidliche Gewalt dar, c) eine Gewalt der Gewaltlosigkeit. Viertens: Ein Streiter für Gewaltlosigkeit wird nach Möglichkeit nicht die in a) und b) enthaltene Gewalt ausüben, und wenn, dann nur insoweit sie unvermeidlich und notwendig ist, und zwar nach reiflicher Überlegung und nachdem er alles getan hat, um sie zu vermeiden.

Ob die Natur einer Handlung gewalttätig oder gewaltlos ist, hängt von der ihr zugrunde liegenden Absicht ab.

Ich verabscheue die Vivisektion aus ganzer Seele. Und ich messe vom Blut unschuldiger Opfer befleckten wissenschaftlichen Erkenntnissen keinen Wert bei. Hätte die Theorie des Blutkreislaufs ohne die Vivisektion nicht entdeckt werden können, dann hätte die Spezies Mensch sehr wohl ohne sie auskommen können.

In Zukunft wird man nicht nur den Wert der menschlichen Familie, sondern den aller Lebensformen erkennen. Und so wie man entdecken wird, dass es ein Irrtum ist anzunehmen, die Hindus könnten auf der Grundlage der Erniedrigung eines Fünftels ihrer Landsleute zu Wohlstand gelangen und die Völker des Westens könnten sich dank der Ausbeutung der Nationen Afrikas und Asiens höher entwickeln, ebenso wird man sich darüber klar werden, dass unsere Herrschaft über die niederen Formen der Schöpfung nicht zu deren Massaker führen darf, sondern ihnen zum Wohl gereichen muss. Denn es ist sicher, dass auch sie eine Seele haben.

Liebe

Die Möglichkeiten universeller Liebe sind unendlich.

Hüten wir uns davor, unseren Gegnern ihre Unwissenheit vorzuhalten. Denn wir können sie nicht lieben, wenn wir uns nicht selbst so sehen können, wie sie uns sehen. Lernen wir, die ganze Welt mit unserer Liebe zu umarmen.

Im Laufe der Suche eines ganzen Lebens bin ich zu der Einsicht gelangt, dass die Liebe im Prinzip der beste Zugang zur Wahrheit ist. Doch habe ich auch feststellen können, dass der Begriff der Liebe verschiedene Bedeutungen hat, zumindest in der englischen Sprache, und dass die menschliche Liebe als Leidenschaft zu einer total entwürdigenden Angelegenheit werden kann. Insofern wirft dieser Begriff einige Fragen auf, zumal die Anhänger des Prinzips der Liebe im Sinne von Gewaltlosigkeit (*ahimsa* = Fehlen des Wunsches, zu töten oder Gewalt anzuwenden) in der Tat zahlenmäßig sehr wenige sind. Dagegen lässt sich der Begriff der Wahrheit niemals doppeldeutig auslegen und genau deshalb haben die Atheisten nichts gegen die Notwendigkeit und die Macht der Wahrheit einzuwenden.

Will man zur Wahrheit gelangen, das heißt zu Gott, dann erweist sich die Liebe, das heißt die Gewaltlosigkeit, als unverzichtbares Mittel. Da das Ziel und die Mittel dazu in letzter Analyse identisch sind, kann man nicht zögern zu bekräftigen, dass Gott Liebe ist.

Die Wissenschaftler sagen uns, die Welt würde ohne die Existenz einer gegenseitigen Anziehungskraft zwischen den Atomen der leblosen Materie, aus denen unsere Welt besteht, auseinander fliegen und verschwinden. Dasselbe gilt gewiss auch für die belebte Materie und man bezeichnet die Liebe als die verbindende Kraft zwischen den Lebewesen. Diese Kraft kann man am Werk sehen zwischen Vater und Sohn, Bruder und Schwester sowie zwischen Freunden. Und wir müssen lernen, sie auf alle Lebewesen anzuwenden. Denn hierin besteht unsere Erkenntnis Gottes.

Die erhabenste Suche ist die Suche nach Gott. Man findet Gott allerdings weder in den Tempeln noch in anderen von Menschen errichteten Kultstätten oder indem man einfach verschiedene Formen der Enthaltsamkeit übt. Es ist vielmehr die Liebe, durch die man Gott finden kann.

Selbst wenn unsere gesellschaftlichen Strukturen gegenwärtig nicht auf der bewussten Akzeptanz der Gewaltlosigkeit beruhen, so leben die Menschen überall mit ihren Besitztümern doch nur aufgrund des gegenseitigen guten Willens. Im gegenteiligen Fall hätte nur die Minderheit der Gewalttätigsten überlebt. Wir stellen fest, dass die Familien durch die Bande der Liebe zusammengehalten werden, ebenso wie das, was man die zivilisierte Gesellschaft nennt, die Nationen miteinander verbindet.

Die Frau ist die Inkarnation der Gewaltlosigkeit, jener Gewaltlosigkeit, die unendliche Liebe bedeutet – das heißt unendliche Fähigkeit zu leiden. Denn wer zeigt diese Fähigkeit besser als eine Mutter, die die Schmerzen der Schwangerschaft und des Gebärens zu vergessen weiß und sogar in ihnen die Freude der Schöpfung findet, die jeden Tag zu leiden weiß, damit ihr Kind aufwachsen kann?

Die Frau muss es verstehen, der gesamten Menschheit jene Liebe zu schenken, die sie als Mutter entwickelt hat. Indem sie vergisst, dass sie Objekt der Lüsternheit des Mannes war und noch immer ist, muss sie ihren würdigen Platz an der Seite des Mannes einnehmen, sei es als Mutter, Schöpferin oder indem sie still die Geschicke der Familie lenkt. Ihr ist es gegeben, eine Welt, die sich im Kriege befindet und sich danach sehnt, diesem zu entkommen, die Kunst des Friedens zu lehren.

Nachdem ich auf den Gebrauch des Schwertes verzichtet habe, kann ich denen, die sich mir entgegenstellen, nur den Becher der Liebe anbieten. So hoffe ich, sie mir näher zu bringen.

Es ist leicht, sich gegenüber Freunden freundschaftlich zu verhalten. Jedoch aus dem, der sich als dein Feind betrachtet, einen Freund zu machen, das ist die Essenz der wahren Religion.

Befolgen wir das Gesetz der Liebe, dann empfinden wir keine Animosität gegenüber dem, der unreligiös ist. Wir werden ihn deswegen umso mehr lieben. Und dann können wir entweder ihm seinen Irrtum klar machen oder uns von ihm über den unseren aufklären lassen. Auf jeden Fall werden dadurch beide Seiten besser in der Lage sein, die Meinungsunterschiede zu tolerieren.

Gewaltlosigkeit bedeutet nicht, sich damit zufrieden zu geben, dass man die liebt, die uns lieben. Zur Gewaltlosigkeit gelangt man nur, wenn man diejenigen liebt, die uns hassen.

Folgt jemand nicht dem Gesetz der Liebe, kann er gewalttätig werden. Es wird uns dennoch gelingen, die Schärfe seiner Vorhaben zu lindern, wenn wir selbst eine tiefe Zuneigung für ihn empfinden.

Wir können über alle Hindernisse triumphieren, wenn wir diese Regel zu befolgen wissen: Sei nicht ungeduldig gegenüber denen, die du im Irrtum glaubst. Und sei, wenn notwendig, darauf vorbereitet zu leiden.

In ihrer positiven Form bedeutet Gewaltlosigkeit die größte Liebe, die größte Barmherzigkeit. Als Befürworter der Gewaltlosigkeit muss ich meinen Feind lieben. Und ich muss dieselbe Regel gegenüber jedem anwenden, der Böses tut, sei es ein Feind oder ein völlig Fremder, sei es mein Vater oder mein Sohn.

Ich appelliere an euch: Reinigt euer Herz und seid wohltätig. Möge euer Herz so groß sein wie der Ozean. Richtet nicht die anderen, aus Angst, dass man euch richtet. Denkt, dass der Höchste Richter, der euch jeden Augenblick aus dem Leben rufen kann, euch das Leben lässt – Er, der euch beschützt und über euch wacht, während es so viele Feinde gibt, in euch wie um euch herum.

Der Schwache kann nicht verzeihen. Nur der Starke ist dazu in der Lage.

Die Widerstandskraft der Liebe kann von Einzelnen ebenso wie von Gemeinschaften genutzt werden, in der Politik wie in häuslichen Angelegenheiten. Die universelle Gültigkeit der Liebe bezeugt ihre Permanenz und ihre Unbesiegbarkeit. Sie ist Kindern ebenso wie Frauen und Männern zugänglich. Auf jeden Fall ist es ein Irrtum zu sagen, sie sei eine Kraft, welche die Schwachen nutzen können, solange sie nicht fähig sind, Gewalt mit Gewalt zu begegnen. Für Gewalt, und damit für jede Form von Tyrannei und Ungerechtigkeit, ist diese Kraft das, was das Licht für die Dunkelheit ist.

Gewaltlosigkeit ist eine aktive Form guten Willens gegenüber allem Leben. Sie ist reine Liebe. Das sagen die heiligen Texte der Hindus ebenso wie die Bibel oder der Koran.

Das Leben überdauert stets inmitten der Zerstörung. Dies ist der Beweis dafür, dass es ein Gesetz des Lebens gibt, welches der Zerstörung überlegen ist. Dieses Gesetz ist auch das, was jede Gesellschaftsordnung einsichtig macht; es ist das, was das Leben wert macht, gelebt zu werden.

Wir müssen täglich das Gesetz des Lebens in die Tat umsetzen. Wenn wir auf Gescheiterte treffen, wenn wir mit Gegnern konfrontiert sind, müssen wir sie durch die Liebe erobern. Auf jeden Fall habe ich diese einfache, um nicht zu sagen simple Weise dieses Gesetz in meinem eigenen Leben befolgt.

Das Gesetz des Lebens in die Tat umzusetzen, löst nicht auf Anhieb alle Schwierigkeiten. Doch bleibt die Tatsache, dass dieses Gesetz der Liebe mir stets mehr geholfen hat als irgendein Gesetz der Zerstörung. Je mehr ich es befolge, desto mehr Geschmack finde ich am Leben und umso mehr erfreue ich mich an dem Plan, der sich in diesem Universum offenbart. Das hat mir einen unbeschreiblichen Frieden und ein unaussprechliches Gespür für die Geheimnisse der Natur beschert.

Es ist schwierig, das große Gesetz des Lebens zu befolgen, so wie es bei allen großen und guten Dingen schwierig ist, sie zu bewältigen. Und jemanden zu lieben, der uns hasst, ist bestimmt das Schwierigste von allem. Doch mit der Gnade Gottes kann die schwierigste Sache leicht werden, wenn wir nur den Willen dazu haben.

Unser Ziel muss die Freundschaft mit der ganzen Welt sein. Wir müssen fähig sein, die größte Liebe mit dem entschlossensten Widerstand gegen das Böse zu kombinieren.

Die Nichtkooperation, wie ich sie auffasse, wurzelt nicht im Hass, sondern in der Liebe. Denn meine persönliche Religion verbietet mir absolut jeglichen Hass. Das ist eine einfache, aber großartige Lehre, die ich mit zwölf Jahren in einem Schulbuch gefunden und niemals vergessen habe.

Disziplin

Stets die strengsten Fastengelübde auszusprechen und sie selbst bei Krankheit einzuhalten, ohne dabei schwach zu werden und ohne die häuslichen Pflichten zu vernachlässigen – das ist das Beispiel von Heiligkeit, das meine Mutter mir gegeben hat. Als überaus fromme Frau weigerte sie sich, ihre Mahlzeit einzunehmen, bevor sie nicht ihre täglichen Gebete gesprochen hatte und zum Tempel gegangen war.

Der Mensch ist dem wilden Tier allein da überlegen, wo er der Selbstdisziplin und des Opfers fähig ist. Einige der heutzutage verbreiteten Krankheiten sind das Ergebnis von Übertretungen der Ehegesetze. Man möge mir doch ein einziges Beispiel für einen Mann nennen, der von einer dieser Krankheiten befallen wurde, obwohl er die Einschränkungen beachtete, die das Band der Ehe mit sich bringt.

Man muss nicht unglücklich sein, wenn man die Ehegesetze befolgt und das Band der Ehe wie ein Sakrament achtet. Denn diese Gesetze sehen vor, dass ein Mann oder eine Frau erst dann einen Ehepartner wählt, wenn man das rechte Alter dazu hat und bester Gesundheit ist, Selbstdisziplin üben kann und Kinder haben möchte. Und ungewollte Schwangerschaften oder Ehen zwischen Kindern sind genau das Ergebnis der Übertretung dieser Gesetze.

Wer zwischen der verderblichen Natur des Fleisches und der unverderblichen Natur des Geistes zu unterscheiden weiß, der weiß instinktiv, dass Selbstverwirklichung ohne Selbstdisziplin, ohne Selbstbeschränkung nicht möglich ist. Der Körper kann entweder der Kampfplatz der Leidenschaften oder der Tempel der Selbstverwirklichung sein. Im zweiten Falle gibt es keinen Platz für Ausschweifungen. Die Bedürfnisse des Geistes müssen das Fleisch in jedem Augenblick zügeln.

Die Ehe ist eine Schranke, welche die Religion schützt. Zerstört man diese Schranke, dann zerbirst die Religion.

Grundlage der Religion ist die Selbstdisziplin, und die Ehe ist nichts anderes als Selbstdisziplin.

Die Ehe ist ein Sakrament. Versteht man es, sich die in diesem Rahmen notwendige Zurückhaltung aufzuerlegen, dann vermehrt man die innere Kraft für den Dienst am anderen und für das Land.

Denkt jeder mehr an seine Pflichten als an seine Rechte, dann lässt sich alles leicht regeln.

Loyal sein ist kein Verdienst. Loyalität ist in der ganzen Welt eine notwendige Voraussetzung für die Staatsangehörigkeit.

Man sagt oft: »Immerhin sind die Mittel nur Mittel, nicht der Zweck.« Ich würde vielmehr sagen: »Immerhin sind die Mittel alles.« Denn nichts trennt den Zweck von den angewandten Mitteln. Und wenn der Schöpfer uns einige Kontrolle über die Mittel gegeben hat, so hat er uns doch keine über den Zweck gegeben. Schließlich richtet sich das Erreichen eines Zwecks nach den angewandten Mitteln. Das ist eine Regel, die keine Ausnahme zulässt.

Die Sorge für die Mittel zum Handeln und ihre immer bessere Nutzung sollte unser Hauptanliegen sein. Verstehen wir damit umzugehen, dann ist es sicher, dass wir unser Ziel erreichen. Denn wir machen Fortschritte in Richtung auf unser Ziel nach dem Maß der Reinheit unserer Mittel. Und auch wenn diese Methode zu langsam erscheinen mag, ist sie doch die schnellste, um zum Ziel zu gelangen.

Das Ziel scheint sich immer mehr zu entfernen. Denn je weiter wir voranschreiten, desto mehr werden wir uns unserer Schwäche bewusst. Es ist jedoch gerade dieses Bemühen selbst, in dem wir Befriedigung finden, nicht der Erfolg. Vorbehaltloses Bemühen bringt den totalen Sieg.

Das Gebet darf nicht nur von den Lippen, sondern muss aus dem Herzen kommen. Deshalb steht es allen zur Verfügung, selbst den Stummen und Stotterern, den Unwissenden und den Idioten.

Die Gebete derjenigen, die Honig auf der Zunge, jedoch Gift im Herzen haben, werden niemals erhört. Denn um zu Gott zu beten, muss man sein Herz reinigen.

Nur die wenigen wahren Gläubigen verstehen die direkte Sprache des Herzens. Aber Gott wohnt von sich aus im Herzen aller Menschen, die anderen dienen. Deshalb ist die Religion des Dienens die beste Lehre.

Ein Herz voller Gebete öffnet den Weg zu Gott und das Dienen bereitet das Herz für das Gebet vor. Die Hindus, die heute den »Unberührbaren« aus ganzem Herzen dienen, sind diejenigen, die wahrhaft beten. Und auch jene frommen Hindus, die Baumwolle für die Armen und Bedürftigen spinnen, sind diejenigen, die wahrhaft beten.

Beim Beten zählt das Handeln mehr als die gesprochenen oder gemurmelten Worte. Und Worte erwerben durch ständige Wiederholung eine Macht. Deshalb ist es gut, die wichtigsten Formeln in Sanskrit zu sprechen, statt sie an die heutige Umgangssprache anzupassen.

Es ist nicht notwendig, feste Gebetszeiten zu haben. Das Gebet ist ein kostbarer Augenblick im Tagesablauf jedes Einzelnen. Dem einen mag eine Minute genügen, dem anderen können vierundzwanzig Stunden nicht genug sein. Für diejenigen, die von der Gegenwart Gottes erfüllt sind, bedeutet arbeiten beten. Jedoch für die meisten von uns gewöhnlichen Sterblichen, die wir einerseits nicht alle unsere Handlungen Gott widmen, aber ebenso wenig vollkommen egoistisch leben – für uns regeln die Religionen die Zeiten des Gebets.

Wir müssen uns in unbegrenzter Geduld üben, wenn wir durch das Gebet Wirkung erzielen wollen. Wir durchqueren Dunkelheit und Enttäuschungen, doch müssen wir den Mut haben, sie zu überwinden und nicht feige zu werden. Denn für einen Menschen des Gebets gibt es keine Ruhezeiten.

Gott erwartet von uns nicht weniger als vollkommene Hingabe als Preis für die einzige Freiheit, die Geltung besitzt. Wenn ein Mensch sich derart verliert, dann nur, um sich im Dienst an allem, was lebt, wiederzufinden. Dieser Dienst wird zu seinem Vergnügen und seiner Erholung. Als neuer Mensch wird er niemals müde, sich im Dienst an der göttlichen Schöpfung zu verausgaben.

Beten ist kein Aberglaube; es ist eine realere Handlung als essen, trinken oder marschieren. Man könnte ohne Übertreibung sagen, Beten sei sogar der einzige reale Akt.

In Gemeinschaft mit der Demut ist das Gebet das sicherste Mittel, das Herz von allen Leidenschaften zu reinigen.

Auch wenn mich auf der Ebene des politischen Lebens manchmal Verzweiflung übermannte, habe ich niemals den inneren Frieden verloren – einen inneren Frieden, um den einige mich beneidet haben. Tatsache ist, dass ich diesen Frieden dem Gebet verdanke.

Um mit dem Göttlichen in Verbindung treten zu können, müssen wir gewisse Augenblicke dem Gebet vorbehalten, Augenblicke, die dem Bemühen gewidmet sind, sich von unserem Anhaften an die Welt zu befreien.

Wie bei der Befolgung anderer Gelübde muss der Zölibat in Übereinstimmung mit dem Denken, dem Wort und dem Handeln gelebt werden.

Es ist ungesund, seinen Körper zu kontrollieren, wenn man gleichzeitig den Geist umherschweifen lässt. Denn der Körper wird sich früher oder später vom Geist davontragen lassen.

~

In jedem Augenblick unseres Lebens stellen wir fest, dass es uns gelingt, unseren Körper zu beherrschen, nicht jedoch unseren Geist. Deshalb dürfen wir zwar nicht in der körperlichen Beherrschung nachlassen, sollten uns dabei jedoch ständig bemühen, auch unsere Gedanken zu meistern.

~

Der Geist ist schwerer zu beherrschen als der Wind. Dennoch macht die Gegenwart Gottes in uns diese Beherrschung möglich. Wir sollten das also nicht für unmöglich halten, nur weil es schwierig ist. Es ist vielmehr das höchste Ziel. Deshalb ist es nicht erstaunlich, dass es größter Anstrengungen bedarf, es zu erreichen.

~

Der körperliche Genuss ist dem Genuss durch das Denken vorzuziehen.

~

Es ist gut, die sinnlichen Begierden zu missbilligen, sobald sie sich in unsere Gedanken drängen, und zu versuchen, sie zu bekämpfen. Aber wenn sich der Geist in dem Verlangen nach einem körperlichen Genuss verliert, dann ist es legitim, diesem Verlangen nachzugeben. Was diesen Punkt betrifft, hege ich keinen Zweifel.

Wem das Elend der Menschheit in seinem ganzen Ausmaß bewusst ist, der wird sich nie von der Leidenschaft beunruhigen lassen.

Ohne den totalen Verzicht auf sexuelles Verlangen ist es unmöglich, Gott in sich selbst zu verwirklichen.

Das sexuelle Verlangen zu besiegen ist die größte Anstrengung, die ein Mann oder eine Frau unternehmen kann. Kann der Mensch dieses Verlangen nicht besiegen, dann kann er nicht von sich behaupten, er könne sich selbst beherrschen. Und ohne Selbstbeherrschung kann es weder persönliche Autonomie noch politische Souveränität geben.

Alle Dinge zu beherrschen, außer sich selbst, ist ebenso enttäuschend und unbefriedigend wie eine bemalte Muschel, die äußerlich schön, im Innern jedoch hohl und leer ist.

Jemand, der für eine Sache kämpft und seine Leidenschaften nicht zu zügeln vermag, darf nicht hoffen, seiner Sache wirklich dienen zu können: den Unberührbaren, der Einigkeit zwischen den religiösen Gemeinschaften des Landes, der kleinen Baumwollmanufaktur, dem Schutz der Kuh oder dem Wiederaufbau des Dorfes. Denn so großen Anliegen wie diesen kann man nicht allein mit intellektuellen Fähigkeiten dienen; sie erfordern spirituelles Bemühen oder Seelenkraft. Diese Seelenkraft kann nur durch die Gnade Gottes erlangt werden. Den Menschen, der Sklave seiner Leidenschaften ist, vermag sie jedoch nicht zu erhöhen.

Der Kleinmütige weiß nicht, was Selbstbeschränkung ist. Es ist die wunderbare Frucht unaufhörlicher und wachsamer Bemühungen in Form von Enthaltsamkeit und Gebet.

Jedermann sollte daran denken, dass seine geheimsten Gedanken Einfluss auf ihn selbst und die anderen haben. Er muss Selbstbeherrschung üben, um alle bösen Gedanken aus seinem Geist zu verjagen und dort nur Raum für große und edle Gedanken zu lassen.

Der Körper muss ebenso sauber und rein sein wie der Geist.

Für den Wahrheitssucher, der in der Furcht Gottes lebt und ihn von Angesicht zu Angesicht sehen möchte, sind die einschränkenden Ernährungsvorschriften, sowohl was die Menge als auch was die Qualität angeht, ebenso wesentlich wie die Kontrolle der Gedanken und Worte.

Man soll nicht zum Vergnügen essen, sondern um den Körper in gutem Zustand zu erhalten. Wenn alle Organe und Sinne sich dem Körper unterwerfen – und über den Körper der Seele –, dann verlieren sie ihre spezifischen Vorlieben. Erst dann beginnen sie so zu funktionieren, wie die Natur sie vorgesehen hat. Dies wird immer noch viel zu selten praktiziert, und kein Opfer ist zu groß, um diese Übereinstimmung mit der Natur zu erreichen.

Es ist meine tiefste Überzeugung, dass die Seelenkraft proportional zu unserer Fähigkeit wächst, die fleischlichen Gelüste zu unterdrücken.

Meine Religion lehrt mich, dass man beten und fasten muss, wenn man das Gefühl der Verzweiflung nicht bewältigen kann.

Die Seele ist allgegenwärtig. Warum sollte sie also auf das Innere des Körpers beschränkt bleiben und wie in einem Käfig leben? Es ist wahr, dass das Verlangen nach Freude die Seele beflügelt. Wenn jedoch das Verlangen dahinschwindet, dann begehrt der Körper nichts mehr, und der Mensch ist von dem tückischen Kreislauf von Geburt und Tod befreit. Dann kann er das Ideal des totalen Verzichts erreichen.

Der Mensch muss lernen, seinen Körper zu nutzen, um der Menschheit zu dienen. Dann wird die Pflicht eher als die Nahrung zum Angelpunkt seines Lebens.

Wir essen, trinken, schlafen und erwachen nur, um anderen zu dienen.

Sich des Alkohols, berauschender Drogen und bestimmter Arten von Lebensmitteln, insbesondere des Fleischs, zu enthalten, trägt eindeutig zur Evolution des Geistes bei: Diese Enthaltsamkeit ist kein Selbstzweck.

Der spirituelle Fortschritt wird zu einem gegebenen Zeitpunkt erfordern, dass wir aufhören, zur Befriedigung unserer körperlichen Bedürfnisse alle möglichen Kreaturen zu töten.

Jemand, der in Gemeinschaft mit anderen Fleisch isst, ohne irgendwelche Unterscheidungen zu machen, jedoch in der Furcht Gottes lebt, ist seinem Seelenheil näher als jemand, der sich aus reinem Ritualismus des Fleisches enthält, jedoch in all seinen Handlungen Gott lästert.

Die Erfahrung lehrt uns, dass allen, die ihre Leidenschaften beherrschen wollen, von fleischlicher Nahrung abzuraten ist. Deshalb bin ich stets für eine rein vegetarische Ernährung eingetreten. Der Vegetarismus ist ein unschätzbares Geschenk des Hinduismus.

Wir sollten die Bedeutung der Ernährung für die Bildung des Charakters und die Kontrolle des Fleisches keinesfalls überschätzen. Allerdings bleibt es eine Tatsache, dass die Ernährung ein mächtiger Faktor ist, den man nicht vernachlässigen darf.

Die ganze Religion auf Verbote und Ernährungsvorschriften zu verkürzen, wozu man in Indien neigt, wäre genauso absurd, als würde man sich in diesem Bereich keine Beschränkungen auferlegen und allen seinen Gelüsten freien Lauf lassen.

Wer in der Furcht Gottes lebt und Ihn von Angesicht zu Angesicht schauen möchte, dem erscheint quantitative und qualitative Zurückhaltung im Bereich der Ernährung ebenso wichtig wie die Zurückhaltung im Bereich des Denkens und des Wortes.

Indem wir uns ohne Notwendigkeit mit der Frage herumschlagen, ob der Mensch das Recht hat, niedere Tiere zu töten, vergessen wir oft unsere wesentlichen Pflichten. Es wird nämlich nicht jeder von uns täglich mit der Frage konfrontiert, ob man schädliche Tiere töten soll oder nicht. Und gewiss haben nur wenige von uns genug Mut und Liebe entwickelt, um gegenüber gefährlichen Reptilien Gewaltlosigkeit praktizieren zu können. Aus diesem Dilemma werden wir keinen Ausweg finden, wenn wir diese nutzlosen Diskussionen über die Berechtigung des Tötens von gefährlichen Kreaturen fortsetzen, während wir uns andererseits nicht trauen, die Vipern des Zorns und des Hasses in unserer eigenen Brust zu bekämpfen.

Glaubt nicht, tugendhaft und gewaltlos zu sein, nur weil ihr euch zwingt, nichts anderes zu essen als Auberginen oder Kartoffeln. Gewaltlosigkeit ist mehr als eine Frage der bewussten Ernährung; sie transzendiert diese bei weitem.

Was der Mensch im Einzelnen isst oder trinkt, ist letzten Endes nur von relativer Bedeutung. Worauf es ankommt, ist das grundsätzliche Üben von Zurückhaltung und Beschränkung hinsichtlich seiner Auswahl.

Zurückhaltung in Sachen Ernährung ist lobenswert, sie ist sogar notwendig, doch berührt sie nur am Rande das, was Gewaltlosigkeit bedeutet. Tatsächlich kann ein Mensch sich in Sachen Ernährung sehr viel Freiheit lassen und dennoch Gewaltlosigkeit verkörpern, wenn er sein Herz von allen Leidenschaften gereinigt hat und voller Liebe und Mitgefühl für die anderen ist. Indessen kann jemand, der auf dem Gebiet der Ernährung äußerst penibel ist, der Gewaltlosigkeit absolut fremd gegenüberstehen, wenn er Sklave seiner Leidenschaften ist und ein verhärtetes Herz hat.

Milch, ein tierisches Produkt, dürfte eigentlich nicht Teil einer streng vegetarischen Ernährung sein. Doch hat mich die Erfahrung gelehrt, dass man, um bei guter Gesundheit zu bleiben, eine vegetarische Ernährung durch Milch und Milchprodukte ergänzen sollte.

Fleisch und Milch zu verzehren, bringt gewisse Unannehmlichkeiten mit sich. Um das Fleisch zu erlangen, muss man töten. Und die einzige Milch, die zu verzehren wir das Recht hätten, ohne das Prinzip der Gewaltlosigkeit zu verletzen, ist die Muttermilch unserer Kindheit.

Nahrung sollte aus Pflichtgefühl verzehrt werden – wie ein Heilmittel zur Erhaltung des Körpers –, nicht aus Vergnügen am Essen. Das Gefühl des Vergnügens entsteht dann aufgrund der Befriedigung eines echten Hungers.

Es ist schmerzhaft zu wissen, dass ich durch meinen Wunsch, mich am Leben zu erhalten, ständig gezwungen bin, den Weg der Gewalt zu beschreiten. Ich weiß, dass ich schon beim Atmen eine unzählbare Menge unsichtbarer, in der Luft schwebende Keime töte. Deswegen höre ich jedoch nicht auf zu atmen. Und genauso impliziert der Verzehr von Gemüsen, worauf ich nicht verzichten kann, Gewalt gegen das Leben in seiner pflanzlichen Form. Das geht so weiter bis zum Gebrauch pharmazeutischer Desinfektionsmittel, die ihrerseits ebenfalls unentbehrlich, aber dennoch Träger von Gewalt sind.

Drogen und alkoholische Getränke sind die beiden Arme des Teufels, mit denen er seine durch Verwirrung und Vergiftung machtlosen Sklaven heimsucht.

Zigarren und Zigaretten sollten um jeden Preis gemieden werden. Denn das Zigarettenrauchen hat die narkotische Wirkung, die Sinnesempfindungen abzustumpfen und die Kontraktionsfähigkeit der Muskeln zu verringern. Was die Zigarre angeht, so hat sie etwas von Opium. Zigaretten und Zigarren wirken auf die Nerven und der Raucher kann nicht mehr auf sie verzichten.

Ich verabscheue Zigaretten ebenso wie alkoholische Getränke, denn Rauchen ist ein Laster. Es stumpft das Gewissen ab, manchmal stärker als der Alkohol, weil es weniger auffällig ist. Rauchen greift die Atemwege an, schadet den Zähnen und verursacht wahrscheinlich Krebs. Es ist ein Laster, dem man sich nur schwer entwöhnen kann, sobald es einen in den Klauen hat. Es ist zudem ein Laster, das viel Geld kostet.

Würde jeder Raucher diese üble Angewohnheit aufgeben, würde er sich weigern, aus seinem Mund einen Schornstein zu machen, dann könnte er die dadurch erzielten Ersparnisse einem nationalen Anliegen spenden. Daraus würde er für sich selbst ebenso viel Nutzen ziehen wie die gesamte Nation.

Wollen wir unsere Mitbürger davon überzeugen, die Tugend der Enthaltsamkeit zu respektieren, und auf diese Weise unser Ziel durch Gewaltlosigkeit erreichen, dann dürfen wir den künftigen Regierungen nicht das Schicksal von Millionen Männern und Frauen überlassen, die dem Fluch des Alkohols und der Narkotika verfallen sind. Denn staatliche Behörden vermögen es kaum, den Trinker von seinem Laster abzubringen. Was sie aber können, wäre, dem Gewähren von Ausschank-Lizenzen ein Ende zu machen.

Die Reformarbeit in Sachen Alkoholismus und Drogen sollte durch ein freiwilliges Bemühen aller Bürger in Angriff genommen werden. Die Mediziner könnten ihren Beitrag mit dem Versuch leisten, Mittel zu entdecken, mit denen Alkoholiker und Drogenabhängige von diesem Fluch befreit werden können. Frauen und Studenten können durch entsprechende Dienstleistungen und Gebete diese Menschen dazu bringen, ihre verheerenden Angewohnheiten aufzugeben.

Wenn nur die Leute nicht jener Verrücktheit der Glücksspiele Vorschub leisten wollten, dann würden diese bald verschwinden.

Glücksspiele sind schwerer zu bekämpfen als Alkohol, weil sie in Mode sind und in den Augen vieler für eine Tugend gehalten werden. Glücklicherweise ist es noch in Mode, den Alkoholkonsum für eine Schwäche zu halten.

Erziehung

Erziehung ist kein Selbstzweck: Sie ist ein Mittel für die Ausformung und Festigung des Charakters.

Unser Ideal ist ein Wissen, das zur Befreiung führt.

Jedes Heim im Lande ist eine Schule und die Eltern sind darin die Lehrer.

Es gibt keine Schule, die es mit einem anständigen Familienhaushalt aufnehmen könnte, und keine Lehrer, die ehrlichen und tugendhaften Eltern gleichkämen.

Unsere Schule muss ein Tempel sein, kein Tempel verknöcherter Lehre, sondern der Freiheit. Unsere Aufgabe ist das Ausformen des Charakters. Erziehung muss den Mut, die Kraft, die Tugend und die Fähigkeit fördern, sich selbst zu vergessen, weil man einer größeren Sache dienen will.

Wenn es uns gelingt, den Charakter des einzelnen Menschen zu formen, wird die Gesellschaft imstande sein, ihre Probleme selbst zu lösen.

Wollten wir von den Büchern überarbeitete Fassungen für Kinder erstellen, dann würden die Lehrer zu einfachen Maschinen.

Schütten wir nicht die beste Milch weg, wenn sie durch ein Gift verdorben ist? Tun wir also dasselbe mit der besten Erziehung!

Ein Volk, dessen Lehrer ihre Selbstachtung verloren haben, kann sich nicht weiterentwickeln. Und wenn die Ideale eines Landes ihren Wert verloren haben, dann muss man vor allem ihnen die Schuld daran geben.

Das Weben von Baumwolle am Webstuhl und der Verzicht auf das Prinzip der Unberührbarkeit samt der mit ihr verbundenen Praktiken sind die beiden Hauptstützen der Erziehung, so wie wir sie auffassen. Das dürfen wir weder unseren Schülern noch deren Eltern verheimlichen.

Der altbekannte Aphorismus »Geistige Schulung ist das, was befreit« bleibt heute genauso gültig wie gestern. Heute jedoch weist der Begriff der geistigen Schulung nicht nur auf die Aneignung von spirituellem Wissen hin und der Begriff der Befreiung bedeutet nicht nur das Seelenheil nach dem Tode. Heute umfasst Wissen jede dem Dienst an der Menschheit nützliche Schulung. Und Befreiung bedeutet, von jeder Knechtschaft ausgenommen zu sein.

Die Beziehung zwischen Meister und Schüler ist absolut notwendig, wenn man erreichen will, dass Bildung zur Formung des Charakters beiträgt. Ist das Gefühl der Hingabe gegenüber dem Meister mangelhaft, dann wird die Charakterformung darunter leiden.

Erziehen, das bedeutet in physischer, mentaler und spiritueller Hinsicht, das Beste aus dem Kind und Erwachsenen herausholen. Der schulische Unterricht ist weder das Ziel noch der Beginn der Erziehung: Er ist nur eines der Mittel, mit denen Mann und Frau erzogen werden können.

~

Im engeren Sinne fördert bloßer Schulunterricht weder die moralische Gesinnung noch trägt er zur Charakterbildung bei.

~

Überlassen wir es den Studenten zu erkennen, dass die Erkenntnis ohne jedwede Form von Mut so etwas ist wie eine Wachsfigur: schön anzusehen, jedoch bereit, beim geringsten Kontakt mit einer Hitzequelle zu schmelzen.

~

Die beste Erziehung besteht darin, das Beste aus sich selbst herauszuholen. Welch besseres Lehrbuch könnte es da geben als die Menschheit selbst?

~

Es ist nicht die Lektüre eines Schulbuches, die einem Kind vermittelt, was bei ihm zu Hause gut und was schlecht ist.

Es wäre ein Verbrechen, Erziehung zu bloßem Schulunterricht verkommen zu lassen und zu versäumen, die Mädchen und Knaben in Handarbeit auszubilden, die doch für ihre Zukunft so nützlich ist.

Da Menschen den größten Teil ihrer Zeit der Arbeit für ihren Lebensunterhalt widmen, ist es unsere Pflicht, Kinder vom frühesten Alter an zu lehren, die Arbeit zu achten.

Zwingt man jungen Kindern das Lesenlernen auf, bevor sie noch allgemeine Kenntnisse erlangt haben, dann beraubt man sie des Nutzens mündlicher Unterweisungen.

Die durch Übung erworbene intelligente Nutzung der körperlichen Organe – Hände, Füße, Augen, Nase – ermöglicht es dem Kind, seine geistigen Fähigkeiten am besten und so schnell wie eben möglich zu entwickeln.

Manuelle Aufgaben sollte das Kind nicht durch bloße Nachahmung lernen, sondern indem man ihm erklärt, warum und wie jeder Vorgang abläuft.

Der Grundschulunterricht sollte auch die grundlegenden Elemente der Körperpflege, Hygiene und Ernährung einschließen.

Der Gebrauch des Englischen, einer Fremdsprache, im Unterricht macht aus unseren Kindern Fremde im eigenen Land.

Meine unnachgiebige Opposition gegen die Verwendung des Englischen als Unterrichtssprache hat mir den unbegründeten Vorwurf eingetragen, ich sei feindselig gegenüber der aus dem Ausland gekommenen Kultur und dem Erlernen des Englischen. Ich weiß jedoch sehr wohl, dass das Englische die Sprache des internationalen Handels und der Diplomatie ist und ihre Meisterung durch einige von uns offensichtlich notwendig ist. Von ihnen erwarten wir dann, dass sie uns die literarischen und geistigen Reichtümer des Englischen in den regionalen Dialekten nahe bringen.

Nichts liegt mir ferner als der Gedanke, dass wir uns ganz auf uns selbst zurückziehen und schützende Barrieren gegenüber fremden Kulturen errichten sollten.

Eines ist absolut einleuchtend: Fördern wir nicht die regionalen Dialekte in unseren indischen Provinzen, dann werden wir niemals in der Lage sein, den geistigen und kulturellen Graben zuzuschütten, der sich zwischen Männern und Frauen als auch zwischen den Eliten und den Massen bei uns aufgetan hat.

Allein die Beherrschung unserer Muttersprache regt bei den meisten Menschen die Ursprünglichkeit des Denkens an.

Jeder indische Student sollte es als seine Pflicht empfinden, Sanskrit zu lernen – auch die Muslime, weil Rama und Krishna ebenso ihre Vorfahren sind wie die der hinduistischen Inder, und weil die Kenntnis des Sanskrit erforderlich ist, um die großen Epen zu verstehen, deren Helden sie sind. Übrigens ist es genauso die Pflicht der hinduistischen Studenten, die dem Persischen entstammende Sprache der Muslime zu lernen, um besser mit ihnen kommunizieren zu können. Es wäre töricht, sich jeweils von der Sprache des anderen abzuwenden.

Der Staat sollte sich nicht mit der religiösen Erziehung befassen. Das sollte allein eine Angelegenheit der religiösen Gemeinschaften sein. Doch sollten wir nicht Religion und

Ethik verwechseln. Die grundlegende Ethik ist allen Religionen gemein, und sie zu lehren ist unbestreitbar eine Aufgabe des Staates.

Obwohl man, auch ohne lesen, schreiben und rechnen zu können, durchaus eine nützliche Arbeit verrichten kann, ist es selbstverständlich nicht immer möglich, auf diese Fähigkeiten zu verzichten. Weisen wir also dieser Form des Wissens den ihm gebührenden Platz zu, nicht mehr und nicht weniger.

Die mangelnde Schulbildung der Frauen ist keine Rechtfertigung für die Männer, ihnen die rechtliche Gleichstellung zu verweigern. Der Erwerb von Bildung wird es jedoch den Frauen erlauben, ihre Rechte zu bekräftigen, sie mit Bedacht zu nutzen und an ihrer Verbesserung zu arbeiten.

Mein Projekt einer Grundausbildung auf der Basis handwerklicher Fähigkeiten, etwa dem Spinnen oder Auskämmen von Wolle, ist gedacht als Speerspitze einer stillen sozialen Revolution, die zu Konsequenzen von großer Tragweite führen wird. Denn eine solche Erziehung wird die Grundlage einer gerechten sozialen Ordnung bilden, in der es keine Spaltung zwischen Dörfern und Städten, Reichen und Armen geben wird und in der jeder Einzelne ein Recht auf Arbeit und Freiheit haben wird.

Man muss die Ausbildung an den Universitäten revolutionieren, um sie an die nationalen Bedürfnisse anzupassen. Doch müssen die Universitäten autonom bleiben. Der Staat darf sich nur jener Studenten annehmen, deren Ausbildung unmittelbar den Bedürfnissen des Landes entspricht.

Keine Kultur kann sich entfalten, wenn sie danach strebt, von jeglichen Einflüssen unberührt zu bleiben. Es gibt übrigens, genau betrachtet, im heutigen Indien keine »arische Kultur«. Ob die Arier Ureinwohner Indiens waren oder von anderswo kommende Eindringlinge, ist nicht von Bedeutung. Wessen ich jedoch sicher bin, ist, dass meine fernen Vorfahren sich freiwillig vermischt haben. Wir, die heutige Generation, sind nur das Ergebnis dieser Ehen.

Ich möchte nicht, dass mein Haus von allen Seiten zugemauert wird und seine Fenster geschlossen bleiben. Ich möchte, dass alle Kulturen der Welt so frei wie möglich zu diesem Haus Zugang haben. Doch weigere ich mich, mich daraus vertreiben zu lassen.

Wenn es für Millionen von Menschen schon schwierig ist, den täglichen Lebensunterhalt zu bestreiten, ja selbst nur den Hunger zu befriedigen, dann erscheint es ungeheuerlich, daran zu denken, unseren Nächsten eine kostspielige

Ausbildung zu schenken. In diesem Falle sollte man die Regel anwenden, sich kategorisch zu weigern, etwas zu besitzen, was Millionen von Menschen nicht haben können.

~

Die Fähigkeit, sich zu verweigern, entsteht nicht plötzlich in uns. Wir müssen zunächst eine dementsprechende mentale Haltung entwickeln und dann unser Leben so schnell wie möglich in Übereinstimmung mit diesem neuen Geisteszustand neu organisieren.

~

Gerechtigkeit

Erstens: Das Wohl jedes Einzelnen ist im Wohl aller enthalten. Zweitens: Die Arbeit eines Rechtsanwalts hat denselben Wert wie die eines Friseurs, insofern jeder dasselbe Recht hat, seinen Lebensunterhalt durch seine Arbeit zu verdienen. Drittens: Ein arbeitsreiches Leben – also das Leben eines Bauern oder Handwerkers – ist eines, das es wert ist, gelebt zu werden. Dies ist die dritte der Lehren aus einem Buch von John Ruskin, *Der Arbeiter der elften Stunde*, das ich unter dem Titel *Sarvodaya* (»Das Wohlergehen aller«) ins Gujarati übersetzt habe. Sie hat mich zu dem Entschluss veranlasst, mein Leben auf der Stelle zu ändern.

Ihr seid absolut frei, jeden nur möglichen Profit zu erzielen. Doch müsst ihr euch dessen bewusst sein, dass dieser Reichtum nicht euch gehört: Er gehört dem Volk. Nehmt euch das, was ihr zur Befriedigung eurer legitimen Bedürfnisse benötigt, und verwendet den Rest für das Wohl der Gesellschaft.

Gott hat den Menschen erschaffen, damit er arbeite, um sich zu ernähren. Die Bibel sagt: »Im Schweiße deines Angesichts sollst du dein Brot essen.« Wer isst, ohne zu arbeiten, ist ein Dieb.

Warum soll ich weben – ich, der ich es nicht nötig habe, mit meinen Händen zu arbeiten, um mich zu ernähren? Weil ich esse, was mir nicht gehört. Ich lebe, indem ich meine Mitbürger beraube. Verfolge den Weg jedes Geldstücks zurück, das in deine Tasche gelangt, und du wirst sehen, dass das, was ich sage, richtig ist.

Ich weigere mich, diejenigen zu beleidigen, die nackt sind, indem ich ihnen Kleider schenke, die sie nicht wirklich brauchen, statt ihnen Arbeit zu geben, die sie vor allem brauchen. Ich werde nicht die Sünde begehen, ihr Patron zu werden. Wenn ich mir jedoch darüber klar werde, dass ich zu ihrer Verarmung beigetragen habe, dann sind es keine Brosamen oder alte Klamotten, die ich ihnen geben werde, sondern die besten Stücke meiner Nahrung und meiner Kleider, während ich mich ihnen in der Arbeit beigeselle.

Ein Millionär hätte das Leben bald satt, bliebe er den ganzen Tag in seinem Bett und ließe sich füttern. Um Hunger zu spüren, müsste er Sport treiben, und vielleicht würde er sogar wünschen, seine Mahlzeiten selbst zuzubereiten. Wenn jeder von uns, arm oder reich, dahin gelangen würde, sich körperlichen Übungen zu unterwerfen, warum sollte er es dann nicht in einer produktiven Form tun, das heißt, daraus seinen Broterwerb machen?

Niemand verlangt vom Bauern, Gymnastik zu betreiben oder seine Muskeln zu stärken. Und neun Zehntel der Menschheit leben vom Bearbeiten des Bodens. Um wie viel glücklicher, gesünder und friedlicher wäre doch die Welt, wenn das verbleibende Zehntel diesem Beispiel folgen und die Erde nur entsprechend den eigenen Bedürfnissen bearbeiten würde.

Die Klassenunterschiede wären abgeschafft, wenn jeder von uns die Verpflichtung akzeptieren würde zu arbeiten, um seinen Lebensunterhalt zu verdienen.

Sein Brot zu verdienen ist ein wahrer Segen für denjenigen, der sich ganz selbstverständlich in Gewaltlosigkeit übt, der Wahrheit verpflichtet ist und das Zölibat respektiert.

Nicht jeder kann Bauer sein. Also muss jeder, der nicht das Feld beackert, sich einer Arbeit wie dem Weben, Sticken, Schreinern oder Schmieden hingeben, wobei er jedoch die Landwirtschaft als Ideal im Geiste bewahrt.

Exkremente und Abfälle beseitigen ist ebenso notwendig wie essen. Jeder muss sein eigener Müllmann und eigener Latrinenreiniger sein.

Idealerweise sollte jeder sich von dem befreien können, was er wegwirft. Scheint dies schwierig, dann sollte sich jede Familie mit der Entsorgung der eigenen Abfälle befassen.

Als die Müllmänner zu einer eigenen Klasse der Gesellschaft herabgestuft wurden, beging man einen schwer wiegenden Fehler. Das ist seit langem meine feste Überzeugung. Offensichtlich besitzen wir keine historischen Daten über den Menschen, der als Erster einem so wesentlichen sanitären Dienst den niedrigsten Status zuwies. Wie dem auch sei, dieser Mensch hat uns keinen Dienst erwiesen.

Jede Handlung kann ein Opfer sein, auch die Arbeit, anzubauen, was man isst. Wenn jeder anpflanzen würde, was er verzehrt, und nicht mehr, würden alle genug zu essen und genügend Muße haben. Man würde sich nicht mehr über die Überbevölkerung aufregen, über Krankheiten und das ganze gegenwärtige Elend. Und alles, was jeder darüber hinaus tun würde, körperlich oder geistig, wäre eine Arbeit der Liebe für das Gemeinwohl. Es würde weder Reiche noch Arme geben, weder Höher- noch Niedriggestellte, weder Berührbare noch Unberührbare.

Würden wir entsprechend dem Gesetz des Opferns genug körperliche Arbeit leisten, um anzubauen, was wir zum Essen brauchen, dann wären wir in der Lage, unsere Bedürfnisse auf das Notwendige zu beschränken, und würden uns mit einfacher Nahrung begnügen. Essen wir, um zu leben, und leben wir nicht, um zu essen.

Wer versucht, sein Getreide im Schweiße seines Angesichts anzubauen, der wird aus den Produkten seiner Arbeit bestimmt größte Befriedigung ziehen. Er wird sich bester Gesundheit erfreuen und sich darüber klar werden, dass viele Dinge, von denen er glaubte, er brauche sie, in Wahrheit überflüssig waren.

Es ist nicht gut, sein Brot durch intellektuelle Arbeit zu verdienen. Denn es ist der Körper, der sich der Bedürfnisse des Körpers annehmen muss, im Sinne von »dem Kaiser geben, was des Kaisers ist«.

~

Eine rein mentale, das heißt intellektuelle Arbeit leistet man zur Befriedung des Geistes und der Seele. Man sollte dafür keine finanzielle Entlohnung verlangen.

~

Ich habe vorgeschlagen, wieder zum Gebrauch des Spinnrads zur Produktion von Baumwolle zurückzukehren, weil die Bauern in Not ein zusätzliches Einkommen brauchen.

~

Eine soziale Reform ist ebenso notwendig wie eine politische. Diese Reform kann erst in Angriff genommen werden, wenn zahlreiche Freiwillige sich entschließen, ihr Leben diesem Werk in den Dörfern zu widmen. Denn die uralten schlechten Gewohnheiten können nicht in wenigen Jahren aufgegeben werden.

~

Wie kann man erreichen, dass Eigentümer an die Stelle des Rechts auf Eigentum die Pflicht zur Verantwortung setzen? Worte allein werden, wie es aussieht, nicht genügen, um sie zu überzeugen. In meiner Eigenschaft als Revolutionär durch Gewaltlosigkeit schlage ich als Mittel die Nichtzusammenarbeit vor. Denn ohne die freiwillige oder erzwungene Kooperation derjenigen, die arbeiten, kann niemand Reichtum anhäufen.

Es sollte keine Kooperation zwischen Ausbeutern und Ausgebeuteten geben, solange die Ausbeutung und der Wille auszubeuten andauern. Doch ist der Antagonismus zwischen den Interessen der Kapitalisten und Besitzenden einerseits und den arbeitenden Massen andererseits nicht zwangsläufig unversöhnlich. Denn, so bitter das auch zuzugeben ist, so ist es doch eine Tatsache, dass es keine Ausbeutung geben würde, wenn die Leute sich weigern würden, dem Ausbeutenden zu gehorchen. Worauf es ankommt, wäre aufzuhören, uns an die Ketten zu klammern, die uns fesseln.

Was wir anstreben müssen, ist nicht das Auslöschen der Besitzenden und der Kapitalisten, sondern die Besserung und Reinigung der Beziehung zwischen ihnen und den Massen.

Vom Kapitalisten erwarten wir, dass er sich als der verantwortliche Sachwalter derjenigen ansieht, auf die er zählt, um zu produzieren, sein Kapital anzusammeln und zu vermehren.

Die indischen Kapitalisten, die sich mit denen, die ihnen britische Orden verliehen, verbündeten, müssen begreifen, dass sie von der Ausbeutung der arbeitenden Massen leben und dass es ein Verbrechen ist, Millionen anzuhäufen, während Millionen ihrer Landsleute und Verwandten Hungers sterben. Sie müssen begreifen, dass sie auf Gewinne verzichten müssen, die mit Blut befleckt sind. Dann wird der Kampf der Gewaltlosigkeit in Gang gesetzt. Denn die Ordensverleiher könnten nicht direkt eingreifen ohne die Kooperation loyaler Verbündeter.

Der Arbeiter sollte nicht einfach warten, bis der Kapitalist sich dazu herablässt, sich zum verantwortungsbewussten Sachwalter zu wandeln. Denn wenn das Kapital Macht verleiht, so gilt das auch für die Arbeit. Das eine wie das andere kann zerstörend oder schöpferisch eingesetzt werden; sie sind auf jeden Fall voneinander abhängig. Sobald er sich seiner Kraft bewusst wird, ist der Arbeiter in der Lage, Partner des Kapitalisten zu werden, statt dessen Sklave zu bleiben. Will er diesen jedoch als Alleinbesitzer ersetzen, dann wird das wahrscheinlich damit enden, dass er das Huhn schlachtet, das goldene Eier legt.

Ungleichheiten verschiedenster Art sind unvermeidlich. Das soll uns jedoch nicht die wesentliche Gleichheit zwischen allen Menschen vergessen lassen. Denn jeder Mensch hat das gleiche Recht zur Befriedigung seiner vitalen Bedürfnisse wie die Vögel oder die wilden Tiere. Und da jedem Recht eine Pflicht entspricht sowie ein Mittel des Widerstands, müssen wir die Mittel finden, die den Sieg dieser wesentlichen Gleichheit sicherzustellen vermögen.

Die Pflicht, die dem Recht auf Gleichheit aller Menschen entspricht, ist, mit allen Kräften zu arbeiten. Das entsprechende Mittel, mit dem ein Mensch Widerstand leisten kann, besteht darin, nicht mit demjenigen zu kooperieren, der ihm die Frucht seiner Arbeit nehmen will.

Der Arbeiter, der Widerstand leistet, indem er sich weigert, mit dem Kapitalisten zu kooperieren, muss nicht fürchten, ersetzt zu werden, denn er kann hoffen, seine Arbeitskameraden zu überzeugen, dem ungerechten Kapitalisten nicht zu helfen. Diese Methode zur Erziehung der Arbeiter ist gewiss ein ziemlich langsamer Prozess; da er jedoch der sicherere Weg ist, ist er auch der schnellere.

Sobald die Arbeiter sich darüber klar werden, dass sie die Wahl haben, Nein zu sagen, finden sie sich von der Macht des Kapitals befreit, da Letzteres genötigt ist, ihre Zustimmung und Kooperation zu suchen.

Das Kapital könnte seinen Willen nicht einmal mit Gewehren und Tränengas durchsetzen, wenn die Arbeiter ihre Würde bewahren, bei ihrem Nein bleiben und sich vor Vergeltung hüten.

Wenn die Arbeiterklasse so häufig mit ihren Vorhaben scheitert, dann deswegen, weil sie, statt das Kapital zu neutralisieren, indem sie durch Nichtkooperation Widerstand leistet, den Versuch unternimmt, sich des Kapitals zu bemächtigen und selbst Kapitalist zu werden, im schlimmsten Sinne des Wortes. Denn der gut etablierte und organisierte Kapitalist findet stets unter den Arbeitern Freiwillige, um die Arbeiterklasse zu unterdrücken.

Mann und Frau stellen zusammen eine Einheit dar. Ihr Problem ist also im Wesentlichen ein gemeinsames.

Mann und Frau haben eine ähnliche Seele. Sie leben dasselbe Leben und haben dieselben Gefühle. Jeder von beiden ergänzt den anderen. Keiner von beiden kann ohne die aktive Unterstützung des anderen leben.

Seit undenklichen Zeiten hat der Mann die Frau beherrscht, und sie hat einen Minderwertigkeitskomplex entwickelt. Sie ist schließlich dahin gelangt, an die Doktrin des Mannes zu glauben, der sie für minderwertig erklärt hat. Erinnern wir uns jedoch, dass die Weisen unter den Männern stets die gesetzliche Gleichheit der Frau anerkannt haben.

Auch wenn Mann und Frau grundsätzlich ähnlich sind, so gibt es zwischen ihnen doch einen entscheidenden Unterschied in der Form. Daraus ergibt sich ein Unterschied in der Berufung. Denn die Mutterschaftspflichten, die die Mehrheit der Frauen stets auf sich nehmen wird, um das Überleben unserer Art zu sichern, veranlasst die Frau dazu, sich mit der Familie und dem Heim zu befassen, während der Mann draußen den Unterhalt verdient und das Heim gegen Angriffe verteidigt. Beide Berufungen erfordern gleichen Mut, und es wäre entwürdigend, wollte man die Frau verpflichten, die ihre aufzugeben.

Es gibt ebenso viele Gründe für den Wunsch eines Mannes, als Frau geboren zu sein, wie für eine Frau zu wünschen, als Mann geboren zu sein. Doch offensichtlich ist das ein Wunsch, der in jedem Fall unerfüllt bleibt. Seien wir also mit den Bedingungen unserer Geburt glücklich und erfüllen wir die Pflicht, die die Natur uns auferlegt hat.

Nach Anerkennung der Arbeitsteilung zwischen den Geschlechtern bleibt es eine Tatsache, dass die von beiden Seiten geforderten Eigenschaften und die Geistesbildung praktisch dieselben sind.

Heute, wo wir vor der Herausforderung stehen, die Werte der Wahrheit und Gewaltlosigkeit zu verwirklichen, mit denen ich alle, Einzelne wie Nationen, konfrontiert habe, hat die Frau die Chance, sich an die Spitze zu stellen, um die Menschheit in ein neues Stadium der Entwicklung zu führen und auf diese Weise jeden Minderwertigkeitskomplex zu vergessen. Zu diesem Zweck muss sie sich zunächst weigern, dem modernen Zeitgeist zu folgen, wonach alles von sexuellen Energien bestimmt wird. Eine solche Weigerung ist durchaus nicht unmöglich, denn wir wissen sehr wohl, dass das Leben der normalen Menschen, von Frauen wie Männern, bei weitem nicht so sehr vom Sex besessen ist wie das derjenigen, die sich mit der heutigen sexuellen Literatur mästen.

Ich wünsche mir leidenschaftlich die totale Freiheit für alle Frauen Indiens. Ich verabscheue Kinderehen. Ich bebe vor Wut, wenn ich das Bild dieser kleinen Mädchen vor Augen habe, die bereits Witwen sind und die man nicht mehr verheiraten wird, wohingegen man nicht zögern wird, einen Witwer schon am Tage nach dem Tod seiner Ehefrau wieder zu verheiraten. Und ich beklage die kriminelle Gleichgültigkeit der Eltern, die ihren Töchtern keine Erziehung angedeihen lassen und sie nur aufziehen, um sie mit reichen jungen Männern zu verheiraten.

Um wirklich frei zu sein, müssen die Frauen das Wahlrecht und den Status gesetzlicher Gleichheit erlangen. Auf diese Weise müssen sie ihren Einfluss auf die politischen Entscheidungen der Nation ausüben können.

Das von der Ehe angestrebte Ziel ist eine spirituelle Vereinigung, die über die physische hinausgeht. Die menschliche Liebe, verkörpert durch die Ehe, ist eine Etappe auf dem Wege zur göttlichen oder universellen Liebe.

Die Ehefrau ist nicht die Sklavin ihres Gatten, sondern seine Gefährtin, seine Mitarbeiterin und Partnerin, ihm gleich in allen Freuden und Schmerzen – ebenso frei wie er, ihren eigenen Weg zu wählen.

Das System der Mitgift muss aufgegeben werden. Die Heirat darf keine von den Eltern um des Geldes willen abgeschlossene Vereinbarung mehr sein. Doch ist dieses System zu sehr mit dem Kastenwesen verflochten, als dass man es abschaffen könnte, ohne auch mit dem Kastenwesen zu brechen. Dies erfordert eine Erziehung, welche die Mentalität der indischen Jugend tief greifend zu verändern vermag. Um diese zu bewirken, muss man in den Schulen und Universitäten ebenso intervenieren wie bei Eltern, die Mädchen aufziehen.

Mädchen müssen so erzogen werden, dass sie gegenüber jedem, der eine Mitgift verlangt, Nein sagen können. Denn die einzigen ehrenwerten Bedingungen einer Ehe sind Liebe und wechselseitige Achtung.

Wenn einer der beiden Partner im Rahmen der Heirat sich eine Zurückhaltung auferlegen möchte, etwa Keuschheit, auf die der andere nicht mit gleicher Zurückhaltung reagieren kann, dann kann Scheidung die einzige Lösung sein, damit der Erstere seinen moralischen Fortschritt fortsetzen kann – unter der Bedingung, dass sein Wunsch zur Zurückhaltung von moralisch reinen Motiven inspiriert ist.

Warum diese morbide Ängstlichkeit hinsichtlich der Reinheit der Frauen? Haben denn die Frauen hinsichtlich der Reinheit der Männer ein Wort mitzureden? Tatsächlich hört man niemals von der Besorgnis der Frauen hinsichtlich der Keuschheit der Männer sprechen. Woher also nehmen die Männer das Recht, die Keuschheit der Frauen zu kontrollieren? Keuschheit kann man nicht von außen erzwingen. Sie ist eine Frage innerer Entwicklung und dementsprechend eines unabhängigen individuellen Bemühens.

Eine gemischte Erziehung ist wünschenswert, erfordert jedoch Vorsichtsmaßnahmen. Sie kann im Rahmen der Familie beginnen. Mädchen und Knaben müssen dort gemeinsam, frei und natürlich aufwachsen. Dann wird sich die gemischte Erziehung von selbst in den Schulen und Universitäten durchsetzen.

Dienen

Wir finden Gott nur, wenn wir Ihn in der Schöpfung entdecken und uns mit ihr identifizieren; und das geht nur, wenn wir uns in den Dienst an allen Lebewesen stellen. Denn als kleines Teilchen der Schöpfung Gottes könnte ich Ihn nicht finden, wenn ich mich vom Rest der Menschheit absonderte.

Ich muss mich zunächst in den Dienst jener Landsleute stellen, die meine nächsten Nachbarn sind und die der Apathie verfallen sind, da sie keinen Ausweg aus ihrer Armut sehen. Denn ich weiß, dass ich Gott nicht finden kann, wenn ich mich in einer Höhle auf dem Himalaja isoliere.

Da ich meinen Platz inmitten der Einwohner Indiens gefunden habe, wäre ich meinem Schöpfer nicht treu, wenn ich ihnen nicht dienen würde. Denn wie sollte ich der Menschheit dienen, wenn ich es nicht verstünde, zunächst ihnen zu dienen?

Wenn ich mich mit der tiefsten Betrübnis der demütigsten Inder identifizieren möchte – und möglichst, wenn ich es vermag, mit denen aller demütigen Menschenwesen –, dann muss ich mich zunächst mit den Sünden der Demütigen identifizieren, die mir unmittelbar anvertraut sind. Wenn mir das in aller Bescheidenheit gelingt, dann hoffe ich, eines Tages Gott – die Wahrheit – von Angesicht zu Angesicht zu sehen.

Da man Gott häufiger bei seinen demütigsten Geschöpfen als bei den Mächtigen findet, bemühe ich mich, mich auf die Ebene der Ersteren zu stellen. Das kann man jedoch nicht tun, ohne sich in ihren Dienst zu stellen. Daher meine Leidenschaft für den Dienst an den unterdrückten Klassen. Und da man diesen Dienst nicht leisten kann, ohne in die Politik einzusteigen, war ich plötzlich mittendrin.

Es ist das Ziel unseres Ashram (Gemeinschaft), zuerst zu lernen, dem Vaterland zu dienen, und sich danach in seinen Dienst zu stellen.

Lasst mich euch einen Talisman schenken. Seid ihr von Zweifeln befallen oder fühlt ihr euch zu sehr mit euch selbst beschäftigt, dann versucht folgenden Trick: Ruft euch das Gesicht des ärmsten und einsamsten Menschen ins Gedächtnis, den ihr kennt; und dann fragt euch, ob das, was ihr vorhabt, ihm auf irgendeine Weise nützlich sein wird. Würde er irgendeinen Segen haben? Und gäbe ihm das wieder eine gewisse Kontrolle über sein eigenes Leben, über sein Geschick? Anders formuliert: Trüge das, was ihr vorhabt, in irgendeiner Form zur Autonomie (*svaraj*) der Millionen unserer Landsleute bei, die physisch und spirituell ausgehungert sind? Dann werdet ihr merken, dass eure Zweifel und Besorgnisse sich verflüchtigen.

Dienen ist meine Religion. Ich sorge mich nicht um die Zukunft.

Baumwolle spinnen erscheint mir gewiss von höherem Wert als die Verpflichtung gegenüber einem bestimmten religiösen Bekenntnis. Nicht dass eine solche Praktik aufgegeben werden sollte; es bedeutet nur, dass eine Pflicht (*dharma*), der von allen Anhängern der verschiedenen Konfessionen nachgekommen werden kann, diese alle transzendiert. Ich wage zu sagen, dass ein Brahmane ein besserer Brahmane, ein Muslim ein besserer Muslim, ein Vishnu-Anhänger ein besserer Vishnu-Anhänger sein wird, wenn er das Spinnrad im Geist des Dienens zu betätigen versteht.

Am Spinnrad spinnen, seinen Rosenkranz beten oder den Namen Gottes rezitieren: All das ist für mich gleichwertig. All das läuft auf dasselbe Ziel hinaus, all das lehrt mich die Religion des Dienens. Denn ich kann nicht Gewaltlosigkeit praktizieren, ohne die Religion des Dienens zu praktizieren, ebenso wenig wie ich die Wahrheit finden kann, ohne die Religion der Gewaltlosigkeit zu praktizieren. Und es gibt keine andere Religion als die Wahrheit.

Wir müssten uns schämen, uns auszuruhen oder ein gutes Mahl einzunehmen, solange es noch einen tauglichen Menschen gibt, der keine Arbeit und keine Nahrung hat.

Man könnte ebenso gut zu einem Hund von Gott sprechen wie zu diesen Millionen Ausgehungerten, in deren Augen es kein Leuchten mehr gibt und deren einziger Gott das Brot ist. Stellt euch die Millionen vor, die sich täglich aus Mangel an Arbeit erniedrigen und dabei jede Selbstachtung, jeden Glauben an Gott verlieren. Ich kann ihnen die göttliche Botschaft nur unter der Bedingung bringen, dass ich ihnen die geheiligte Botschaft der Arbeit bringe.

Es ist unmöglich, Selbstverwirklichung zu erlangen, ohne sich in den Dienst der Demütigsten zu stellen, ohne sich mit ihnen zu identifizieren.

Die wahre Bestimmung des menschlichen Körpers ist das Dienen, nicht das Sichgehenlassen. Und im Verzicht ruht das Geheimnis eines glücklichen Lebens.

Der Verzicht *ist* das Leben. Das Sichgehenlassen kündigt den Tod an. Wir alle können hoffen, hundertfünfundzwanzig Jahre lang zu leben, unter der Bedingung, dass wir einen Dienst leisten, ohne daraus ein Ergebnis für uns selbst zu erwarten.

Verzichten, um zu dienen, das verschafft eine unaussprechliche Freude, die uns niemand rauben kann. Denn sie ist ein Nektar, der im Innern entspringt und das Leben erhält. Da gibt es keinen Platz mehr für Unruhe und Ungeduld. Ohne diese Freude wäre ein langes Leben unmöglich, oder es wäre nicht wert, gelebt zu werden.

Seid nicht besorgt um euch selbst, überlasst Gott alle Sorgen: Das ist ein Gebot, das man in allen Religionen zu finden scheint.

Wer sich in voller Kenntnis der Umstände dem Dienen verschreibt, der wird umso besser das Notwendige begreifen. Er wird daraus einen beständig wachsenden Glauben schöpfen. Deshalb kann jemand, der nicht bereit ist, auf sein Eigeninteresse zu verzichten und die Umstände seiner Geburt anzuerkennen, sich nur schwer auf den Weg des Dienens begeben.

Jeder von uns leistet bewusst oder unbewusst irgendeinen Dienst. Wenn wir jedoch die Gewohnheit kultivieren, ganz überlegt zu dienen, dann wird unser Verlangen danach sich verstärken und uns Freude bringen – uns und der ganzen Welt.

Wir alle sind dazu bestimmt, unsere Möglichkeiten in den Dienst der Menschheit zu stellen, nicht nur die Besten von uns. Und weil dies das Gesetz ist, wird die Gewohnheit, sich von seinen Wünschen treiben zu lassen, ganz natürlich ihren Platz der Verpflichtung zum Verzicht überlassen, die den Menschen vom Tier unterscheidet.

Verzichten bedeutet nicht zwangsläufig, dass man der Welt den Rücken kehrt und sich in den Wald zurückzieht. Vielmehr muss der Geist des Verzichtens Vorrang vor allen Aktivitäten des Lebens haben. Denn ein Hausherr hört nicht auf, ein solcher zu sein, wenn er sein Leben als Pflicht und nicht als Genuss auffasst.

Ein Geschäftsmann, der seine Geschäfte im Geist des Opferns führt, kann sehr wohl mit Millionen umgehen. Tut er das in Übereinstimmung mit diesem Gesetz, dann wird er seine Fähigkeiten für das Dienen einsetzen. Er wird weder betrügen noch spekulieren und ein einfaches Leben führen. Er wird keiner lebenden Seele etwas zuleide tun und lieber Millionen verlieren, als jemandem Schaden zufügen. Wohlverstanden: Er wird seinen Lebensunterhalt durch seine Arbeit verdienen, doch ist das nicht sein höchstes Ziel, sondern nur ein Nebenprodukt seiner Berufung. Und man sage mir nicht, ein solcher Geschäftsmann existiere nur in meiner Einbildung. Zum Glück für die Welt gibt es solche im Abendland wie im Orient.

Wer dienen will, verschwendet keinen Gedanken an sein eigenes Wohlergehen; er überlässt es der Fürsorge Gottes. Er überhäuft sich nicht mit allem, was ihm geboten wird; er nimmt davon nur das, was er wirklich braucht, und lässt das andere. Er ist gelassen, ohne jeden Zorn, und lässt sich nicht von Unannehmlichkeiten aus der Ruhe bringen. Sein Dienen ist ebenso wie seine Tugend seine eigene Belohnung: Er gibt sich damit zufrieden.

Freiwilliger Dienst an den anderen fordert von jedem sein Bestes. Er muss vor dem Dienst an sich selbst stehen. In der Tat widmet sich der reine Fromme ganz und gar dem Dienst an der Menschheit, ohne jeden Vorbehalt.

Eine ideale Situation wäre gegeben, wenn Ärzte, Rechtsanwälte und sonstige akademische Gebildete nur zum Wohl der Gesellschaft und nicht zum eigenen arbeiten würden. Denn wenn sie das Gesetz des Opferns befolgen und selbst anpflanzen, was sie zum Essen brauchen, werden sie eine stille Revolution in der Struktur der Gesellschaft bewirken. Der Wettstreit im wechselseitigen Dienen wird den Lebenskampf ersetzen. Das Gesetz des Menschen wird das Gesetz des Dschungels ersetzen.

Wahre Demut geht mit dem Vergessen des Selbst einher. Und das Selbstvergessen führt zum Seelenheil (*moksha*). Dienen ohne Demut jedoch ist Egoismus und Egozentrik zugleich.

~

Die Arbeitslosigkeit und die Untätigkeit von indischen Dorfbewohnern führen unweigerlich zu blutigen Unruhen. Nur die Verbreitung des Baumwollspinnens in den Dörfern kann eine Alternative bieten, und nicht das, was man Sozialismus nennt, denn dieser setzt Industrialisierung voraus. Der Sozialismus, den Indien assimilieren kann, ist der Sozialismus des Spinnrades. Die Sozialarbeiter in den Dörfern müssen das Spinnrad in den Mittelpunkt ihrer Aktionen stellen.

~

Der dörfliche Sozialarbeiter muss die lebendige Inkarnation des Fleißes sein. Er muss sich bemühen, alle Verfahren zu beherrschen, die zum Textilhandwerk gehören, und sie perfektionieren – von der Aussaat der Baumwolle bis zum Weben nach dem Einbringen der Ernte. Während er sie unterweist, wird er zugleich zum Schüler der Dorfbewohner und ihrer handwerklichen Techniken. Auf jeden Fall wird er arbeiten, um so gut wie möglich seinen Lebensunterhalt zu verdienen.

~

Der Sozialarbeiter eines Dorfes wird dort keine Apotheke oder ärztliche Praxis einrichten, denn seine Hauptaufgabe besteht vor allem darin, Unterricht in Hygiene und Sauberkeit zu vermitteln – die Dorfbewohner also zur Vermeidung von Krankheiten anzuleiten, statt sie zu behandeln.

~

Das Fundament der Aktivitäten des dörflichen Sozialarbeiters ist spiritueller Art. Deshalb muss er sich um absolute Reinheit des Verhaltens und Charakters bemühen. Ist er nicht in der Lage, seinen eigenen Kindern ein unbeflecktes Heim zu bieten, dann sollte er aufhören, die Würde des Sozialarbeiters zur Schau zu stellen.

~

Weiterführende Literatur

Ausgewählte Werke von Mohandas Karamchand (genannt: Mahatma) Gandhi (1869–1948) in vollständiger oder auszugsweiser Übersetzung:

Gandhi, Mohandas Karamchand: *Die Kraft der Wahrheit. Mahatma Gandhi in Worten und Gedanken*. Leipzig: Benno-Verl., 1999.

Gandhi, Mohandas Karamchand: *Die Lehre vom Schwert und andere Aufsätze aus den Jahren 1919–1922*. Oberwil b. Zug: Ed. Rotapfel im Verl. Kugler, 1990.

Gandhi, Mohandas Karamchand: *Eine Autobiographie oder die Geschichte meiner Experimente mit der Wahrheit*. Gladenbach/Hessen: Hinder und Deelmann, 1991.

M. K. Gandhi: *Sarvodaya = Wohlfahrt für alle*. Mit Beitr. von Vinoba Bhave und anderen. Gladenbach/Hessen: Hinder und Deelmann, 1993.

Mahatma Gandhi für Pazifisten. Hrsg. von Bharathan Kumarappa. Münster: Lit, 1996.

Mahatma Gandhi: *Aus der Tiefe des Herzens. Über Gottesliebe und Gebet*. Zürich: Benziger, 1999.

Mahatma Gandhi: *Die Kraft der Gewaltlosigkeit*. Gütersloh: Kiefel, 2000.

Mahatma Gandhi: *Freiheit ohne Gewalt*. Köln: Hegner, 1968.

Mahatma Gandhi: *Friedvoll siegen. Die Kraft der Beharrlichkeit*. Bern: Integral, 1997.

Mahatma Gandhi: *Gewaltfrei leben*. Solothurn: Benziger, 1995.

Mahatma Gandhi: *Handeln aus dem Geist: Texte zum Nachdenken*. Freiburg im Breisgau: Herder, 1993.

Mahatma Gandhi: *Mein Leben*. Frankfurt am Main: Suhrkamp, 1993.

Mahatma Gandhi: *Quellen des inneren Friedens. Worte für einen Freund*. Freiburg im Breisgau: Herder, 1999.

Mahatma Gandhi: *Wege und Mittel*. Bearb. von Sarma Marla. Baden-Baden: Elster-Verl., 1996.

Mahatma Gandhi: Worte des Friedens. Hrsg. und eingeleitet von Maria Otto. Freiburg im Breisgau: Herder, 1999.

Entspannung für Körper und Geist

Dr. Bernt Hoffmann
Handbuch Autogenes Training
Grundlagen, Technik, Anwendung
dtv 36004

Ray Ridolfi, Susanne Franzen
Das große Shiatsu-Handbuch für Frauen
Mit Zeichnungen von Peter Cox
dtv 36065

Rob Nairn
Mit dem Drachen fliegen
Ruhe und Klarheit durch Buddhismus und Meditation
dtv 36070

Cai Pfannstiel
Der Sonnengruß
Mit Yoga den Tag beginnen
Mit Fotos von Margret Uhrmeister
dtv 36071

Arthur Sokoloff
Die Kraft der Gelassenheit
Fernöstliche Weisheiten für einen streßfreien Alltag
dtv 36090

Bob Anderson
Stretching im Büro
Fit und entspannt an Computer und Schreibtisch
Mit Zeichnungen von Jean Anderson
dtv 36096

Ayya Khema
Meditation ohne Geheimnis
dtv 36138

Drukpa Rinpoche
Tibetische Weisheiten
Herausgegeben von Jean Paul Bourre
Mit Fotos von Margret Uhrmeister und Peter Hinreiner
dtv 36143

Thich Nhât Hanh
Unsere Verabredung mit dem Leben
Buddhas Lehre vom Leben im gegenwärtigen Augenblick
Mit Fotos von Peter Hinreiner
dtv 36145

Deepak Chopra
Lerne lieben, lebe glücklich
Der Weg zur spirituellen Liebe · dtv 36170

John O'Donohue im dtv

John O'Donohue nimmt uns mit in die spirituelle Welt der Kelten auf eine intime Reise zu uns selbst.

Anam Ċara
Das Buch der keltischen Weisheit
dtv premium 24119

Anam ist das gälische Wort für Seele, Ċara heißt Freund. Anam Ċara bedeutet also »Seelenfreund«. Die Kelten besaßen eine tiefe Einsicht in das Wesen der Liebe und der Freundschaft. John O'Donohue enthüllt in diesem Buch keltische Geheimnisse, die die Leser in unserer hektischen Zeit in harmonischen Einklang mit der Welt bringen und das Leben reicher machen.

Echo der Seele
Von der Sehnsucht nach Geborgenheit
dtv premium 24180

Noch nie war der Hunger nach Zugehörigkeit so quälend wie heute. Die Geborgenheit, die wir in der Zugehörigkeit erfahren, schenkt uns Kraft; sie bestätigt in uns eine Stille und Gewissheit des Herzens. Sie befähigt uns, äußeren Druck und Verwirrung zu ertragen, und sie versichert uns des Bodens, auf dem wir stehen.

Landschaft der Seele
dtv premium 24223

Die meditativen Texte und Gedichte John O'Donohues entfalten zusammen mit den eindrucksvollen Fotos des Iren Fergus Bourke eine wahrhaft magische Wirkung. Dunkle Wolken, einsame Weiten, rauhe Berge, zerklüftete Felsen, bewegtes Wasser, der Wind in den Gräsern – Landschaften so wechselhaft wie das menschliche Leben. In einer kongenialen Verbindung mit den Fotos regen die Texte zu eigener Betrachtung und Einkehr an.